LA CITÉ

Notre époque s'est découvert une nouvelle passion : l'intolérance.
Sur les réseaux et les plateaux, on criminalise celui qui ne pense pas comme nous. On le dénonce, on veut l'empêcher de parler.
Il est urgent de recréer un espace où puisse se tenir la rencontre sereine et exigeante des idées.
C'est tout le sens de cette collection d'essais des Presses de la Cité.
Poser les bonnes questions (même si elles dérangent), respecter les faits, ouvrir des perspectives : telle est la ligne de conduite de La Cité.
En un mot, raviver la liberté de l'esprit.

DANS LA MÊME COLLECTION

Mathieu Laine, *Infantilisation*, 2021

Mathieu Bock-Côté, *La Révolution racialiste et autres virus idéologiques*, 2021

Ferghane Azihari, *Les Écologistes contre la modernité. Le Procès de Prométhée*, 2021

Didier Pourquery, *Sauvons le débat. Osons la nuance*, 2021

Mathieu Slama, *Adieu la liberté. Essai sur la société disciplinaire*, 2022

LE CAPITALISME WOKE

Anne de Guigné

LE CAPITALISME WOKE
Quand l'entreprise dit le bien et le mal

Les Presses de la Cité

92, avenue de France – 75013 Paris
ISBN 978-2-258-19791-6
Dépôt légal : mars 2022

Diplômée de Sciences Po et d'HEC, Anne de Guigné suit la politique économique française pour *Le Figaro* depuis 2017. Elle a auparavant, pour ce même journal, suivi la finance, puis la politique de l'emploi. Elle a été lauréate en 2021 du prix du meilleur article financier dans la catégorie Jeunes journalistes pour « Balzac face à la révolution capitaliste ».

Sommaire

Introduction

Les baskets Decathlon pencheraient-elles à gauche ? Vers la Macronie, peut-être ? En novembre 2020, le distributeur d'articles de sport, star des familles françaises, annonce ne plus souhaiter diffuser, pour un temps, de publicités sur la chaîne CNews. On comprend que l'orientation conservatrice de ce média populaire ne plaît pas à l'enseigne, qu'elle ne correspond pas à ses « valeurs ». La prise de position laisse perplexe. Quel besoin pour une marque à l'image aussi consensuelle de se lancer sur la scène politique, par nature clivante ? Irrépressible envie des dirigeants d'affirmer leurs convictions ? Intense pression des clients ? Décision personnelle d'un cadre intermédiaire hérissé par les émissions d'Éric Zemmour et ses amis ? Cet essai est né de cette incompréhension. Quelques mois d'enquête plus tard, l'histoire de Decathlon ne surprend plus. Elle apparaît comme une des innombrables manifestations d'un mouvement profond qui vient renouveler l'équilibre de nos démocraties. Depuis une dizaine d'années, les grandes entreprises occidentales participent, aux côtés de la puissance publique et de la société civile, au vaste exercice de la définition du bien commun. Devenues plus puissantes que bien des États, elles ne se contentent plus de défendre leurs intérêts *via* d'importantes actions de lobbying mais modèlent l'avenir et s'immiscent ainsi *de facto*, souvent à la demande des consommateurs, au sein même du jeu démocratique.

Le mouvement est beaucoup plus assumé aux États-Unis, où depuis 2010 les entreprises ont l'autorisation de financer campagnes et partis politiques et sont priées d'exprimer leur opinion sur tous les projets de loi polémiques. Selon un sondage de l'entreprise d'analyse indépendante américaine Clutch, en juillet 2020, près de la moitié des actifs américains ont déclaré que leur société avait réagi, par un communiqué, un don, un forum interne…, à l'annonce de la mort de George Floyd, un homme noir tué lors de son interpellation par des policiers blancs. En avril 2021, des centaines de grandes entreprises du pays ont encore pris position, en faisant l'acquisition d'une double page de publicité dans le *New York Times*[1], contre la loi d'intégrité électorale 2021 promulguée fin mars par le gouverneur républicain Brian Kemp de l'État de Géorgie. Officiellement, la réforme visait à lutter contre la fraude électorale, mais ses détracteurs l'accusaient de restreindre le vote des Afro-Américains. Les groupes ont subi une pression intense avant de s'engager contre le texte : sur les réseaux sociaux, des activistes ont menacé Coca-Cola ou Delta, dont les sièges sont domiciliés dans la capitale de la Géorgie, Atlanta, de boycott s'ils ne s'exprimaient pas clairement sur la loi électorale. Dans un article pratiquant le *Name and Shame*[2] – en français, la mise au pilori –, le *New York Times* a noté avec soin le nom, et les justifications, des rares entreprises à ne pas avoir signé l'appel[3]. L'affaire a même valu son poste à Bradley Gayton, directeur juridique de Coca-Cola, en place depuis moins d'un an. Ce dernier ne s'était pas opposé assez rapidement et fermement à la loi. Il avait pourtant gagné ses galons de champion de la diversité pour avoir exigé sous peine de diminution des honoraires que les cabinets d'avocats travaillant pour Coca-Cola confient au moins une partie des dossiers du groupe à des juristes noirs.

Outre-Atlantique, ce projet de loi a fait couler beaucoup d'encre ; les conséquences de chaque article du texte sur le comportement des futurs électeurs étant longuement décortiquées. En revanche, très peu d'observateurs se sont interrogés sur la légitimité des activistes et des entreprises à prendre à ce point parti pour la réécriture de la réforme. Vu de Paris, ce mélange des genres surprend encore : un petit groupe de PDG, aussi éclairés soient-ils, peut-il mieux représenter l'intérêt général que les législateurs de Géorgie, élus démocratiquement quelques mois plus tôt ?

En Europe, l'engagement politique des entreprises prend encore rarement des voies aussi directes. Pour affirmer leur identité dans la mondialisation, les multinationales se sont dotées à partir des années 1990 d'un arsenal de « valeurs ». Déclinant les fondamentaux de la morale occidentale – de l'« intégrité » au « respect » en passant par l'« audace » –, ces corpus ne prêtaient guère à conséquence à l'époque, mais ils sont devenus au fil des ans juridiquement opposables. La prise de conscience de l'urgence écologique renforçant les attentes envers les entreprises, désormais priées de répondre de la cohérence de leur activité et de leurs engagements, cette notion de responsabilité sociale les a, pour le meilleur et pour le pire, conduites sur le chemin de la politique. Certains patrons y ont pris goût, par opportunité ou par conviction. En 2016, la compagnie aérienne irlandaise à bas coût Ryanair défrayait ainsi la chronique en adressant à ses clients britanniques un courriel expliquant qu'ils commettraient une grave erreur s'ils votaient en faveur de la sortie de l'Union européenne. Plus près du terrain, de jeunes entreprises militantes font aussi de la politique en tentant de faire évoluer le cadre de leur secteur d'activité ; dans l'aide à domicile, la start-up sociale Alenvi[4] s'engage ainsi pour l'amélioration du statut des auxiliaires de vie.

En France, ce tournant est bien documenté. À l'École des mines, autour du professeur de gestion Armand Hatchuel s'est créée une chaire spécialisée sur ces questions. Pour ces intellectuels, les démocraties modernes sont entrées depuis quelques années dans un monde « post-hégélien » où le partage traditionnel des rôles a vécu[5]. Autrefois, l'État se préoccupait de l'intérêt général, la société civile, de ses besoins et les opérateurs privés, de leurs profits. Désormais, les entreprises qui avaient sacrifié leur place dans l'Histoire à la défense de leur liberté se sont réveillées. L'heure est à l'organisation d'une forme de coopération plus ou moins harmonieuse entre ces titans. La vision marxiste où l'économie, en tant que structure de la société, s'opposerait frontalement à la *superstructure* du politique apparaît ainsi définitivement dépassée. Loin de chercher à renverser l'ordre politique, les multinationales tentent de naviguer au mieux de leurs intérêts dans ce nouvel environnement, qui exige de respecter non seulement les lois mais aussi les demandes des multiples ONG et les contradictions des consommateurs. Ces derniers réclamant en même temps les prix les plus bas et le sentiment de contribuer par leurs achats à l'avènement d'un monde meilleur. Face à cette pression, les sociétés les plus convaincues de la prééminence de leur rôle dans la société, par exemple les entreprises à mission en France ou les B Corp aux États-Unis, réorientent leurs activités pour allier rentabilité et missions d'intérêt général. Les autres se contentent, de manière moins contraignante, de suivre autant que possible les lois tout en répondant aux aspirations de la classe moyenne mondialisée, dont le dénominateur commun, forgé aux États-Unis, tourne aujourd'hui autour d'un corpus de valeurs de durabilité, inclusion, promotion des minorités…, jusqu'au nouvel antiracisme radical véhiculé par l'idéologie postmoderne *woke*, sur laquelle nous reviendrons.

La France appartient bien sûr au bloc des pays occidentaux, et ses habitants adhèrent en grande majorité au corpus libéral contemporain. Le pays cultive toutefois dans ses textes législatifs mais aussi en son fond culturel une forme de pas de côté vis-à-vis des valeurs identitaires anglo-saxonnes, en raison de son attachement républicain à l'universalisme. Ce particularisme explique d'ailleurs le regard extrêmement critique de nombreux militants antiracistes américains sur les débats hexagonaux et l'aura dont bénéficient outre-Atlantique nos égéries racialistes, telle Rokhaya Diallo. Cette sensibilité française s'est parfaitement illustrée suite à deux messages de la marque d'eau minérale Evian sur le réseau social Twitter. Dans le premier, qui tombait à l'ouverture du ramadan, le 13 avril 2021, la filiale de Danone incitait ses abonnés, comme elle le fait régulièrement, à boire de l'eau. Dans le second, publié six heures plus tard à la suite de remarques indignées, parfois d'ailleurs au deuxième degré, d'une poignée de jeunes musulmans, le responsable du fil twitter de la marque s'excusait platement, suivant les codes en vigueur des mouvements antiracistes, d'avoir pu offenser certains de ses abonnés[6]. « Aucune provocation », assurait-il, dans un souci d'apaisement. Le geste aurait sans doute été apprécié aux États-Unis, où chaque « dérapage » doit être suivi d'un acte de contrition public. En France, il a suscité incompréhension et sarcasme : l'immense majorité des milliers de commentaires qui entouraient ces deux messages d'Evian se moquaient, avec plus ou moins de véhémence, de cette repentance.

Le vaste mouvement de quête de reconnaissance identitaire venu des États-Unis laisse ainsi de marbre une bonne partie des « Gaulois réfractaires ». Les salariés des grands groupes internationaux, notamment de services, n'ont toutefois pas le choix. Ils doivent s'adapter à cet environnement de plus en plus perméable aux revendications minoritaires et où chacun, surtout parmi les cadres, est régulièrement prié de relayer les engagements sociétaux portés par l'entreprise. Aux États-Unis, un employé d'Apple a été renvoyé au bout de quelques semaines, à la demande de ses nouveaux collègues, pour avoir écrit dans une vie antérieure quelques lignes peu amènes sur les femmes de la Silicon Valley[7]. En France, même si l'expression n'est pas claquemurée à ce point, de nombreux témoignages évoquent la difficulté d'exprimer au bureau une opinion contraire à la *doxa* commune. Les grandes corporations, contraintes d'harmoniser leurs pratiques, peuvent difficilement se préoccuper de ces états d'âme. L'heure est à l'universalisation des valeurs et des droits. Environ un quart des entreprises du CAC 40, balayant les réticences du législateur français, octroient déjà, par exemple, un congé paternité spécifique à leurs salariés réalisant un parcours de gestation pour autrui (GPA). Le réseau social Twitter, au cœur d'innombrables polémiques en raison de la responsabilité de censure qui lui incombe, peine de son côté à intégrer les lois françaises sur la laïcité. Il a ainsi ému la classe politique (essentiellement de droite !) en janvier 2021, en fermant temporairement le compte d'un sénateur LR qui avait posté un message virulent pour dénoncer la présence dans sa circonscription d'une femme intégralement voilée.

Ces entreprises si puissantes, qui reviennent sur le devant de la scène se mêler de l'Histoire et questionner la souveraineté des États, tendent ainsi à s'affirmer comme de nouveaux lieux d'élaboration des normes éthiques. Les groupes n'ont au départ pas réclamé ce rôle, complexe et contraignant. Faute souvent de pouvoir s'appuyer sur une régulation claire, sous la pression de leurs salariés ou de groupes activistes, ils ont pourtant dû se saisir au fil des ans de ces questions vertigineuses de définition du bien et du mal. Si on se fie aux campagnes publicitaires de ce printemps 2021, qui semblent fréquemment plus soucieuses de défendre une vision de la société que d'assurer la promotion de produits ou de services, les directions du marketing s'y retrouvent ! Pour autant, à l'instar de Dominique et Alain Schnapper, on peut s'interroger sur le rôle de l'entreprise : « [...] peut-elle, ou devrait-elle, être le lieu du débat démocratique, là où se font les choix des politiques publiques, où se formule la conception du bien commun et où se prennent les décisions engageant le destin de la collectivité[8] ? » Autrement dit, est-il raisonnable, malgré toutes les failles des élus, la dimension globale des défis que nous affrontons et l'efficacité démontrée des acteurs privés, de confier aux entreprises la responsabilité de l'avenir de la cité ? Cela reviendrait à renoncer à constituer une société politique, et donc à risquer de raviver un monde où, comme le craignait Platon, « tout homme est pour tout homme un ennemi et en est un pour lui-même[9] ».

Chapitre 1

Les grandes entreprises s'engagent dans la cité

En France, les entreprises n'ont pas d'existence juridique en soi. Aux yeux de la loi, elles ne constituent qu'un ensemble de contrats qui lient les salariés et la société, les associés entre eux, la société et ses fournisseurs… Cette description purement juridique rend bien mal compte de la profondeur de ces organisations comme des enjeux politiques et sociaux qui les traversent. Pour définir l'entreprise, nous suivrons donc plutôt les pas de Michel Drancourt, qui la décrit comme « le regroupement durable et la mise en œuvre organisée de moyens en capitaux, en hommes, en techniques, pour produire des biens et des services destinés à un marché solvable. L'entreprise, soumise au principe de réalité, donc mortelle, doit, sur la durée, créer plus de richesses qu'elle n'en consomme[1] ». Au XXIe siècle, le principe de réalité de l'entreprise, c'est aussi, et de plus en plus, la responsabilité sociale et environnementale (RSE). Cette notion, profondément ancrée des deux côtés de l'Atlantique, vient de loin. Tandis que Frédéric Le Play, à l'École des mines, amorce dès les années 1850 une réflexion sur la responsabilité de l'entreprise, en 1889, lors de l'Exposition universelle de Paris, l'esplanade des Invalides accueille la première véritable exposition mondiale d'économie sociale. Des années plus tard, les traités européens poursuivent cette réflexion, revigorée par la tradition ordolibérale allemande, en instaurant l'économie sociale de marché, comme un des grands objectifs de l'Union européenne. Le premier papier théorique sur la RSE est en revanche signé en 1916 par l'économiste américain John Maurice Clark[2] et, en 1920, c'est Henry Ford qui écrit que « l'entreprise doit faire des profits, sinon elle mourra. Mais si l'on tente de faire fonctionner une entreprise uniquement sur le profit, alors elle mourra aussi, car elle n'aura plus de raison d'être ».

La notion de responsabilité des entreprises s'enracine ainsi en parallèle, à partir du XIXe siècle, en Europe et aux États-Unis. La voie américaine, beaucoup plus libérale, se développe à partir de la riche tradition philanthropique des entrepreneurs, l'européenne s'appuie sur les expérimentations des patrons chrétiens du XIXe siècle, des mutuelles et des coopératives et de toute l'histoire de l'économie sociale et solidaire, particulièrement vivante dans les pays du Nord. Ces deux écoles tendent aujourd'hui à converger. Face à l'urgence climatique, d'abord, les pratiques se rapprochent des deux côtés de l'Atlantique. Côté social, les Européens hésitent. Traditionnellement, le Vieux Continent attend de ses entreprises davantage d'engagements sociaux que sociétaux mais les lignes bougent sous l'injonction des jeunes générations urbaines, cœur battant de leur clientèle, beaucoup plus sensibles à la question des valeurs.

Les trois stades de la RSE

Les grilles de lecture libérales ou marxistes ne permettent plus de penser le capitalisme contemporain. Les grandes entreprises, devenues souvent bien plus puissantes que les États, assument désormais un rôle d'institutions politiques à part entière. Cette position leur confère une immense responsabilité, dont elles se saisissent avec plus ou moins d'enthousiasme. Il y a encore dix ans, les grands groupes affichaient ainsi des sensibilités très différentes sur ces questions de RSE. Sous la pression de la société civile, le paysage a eu tendance à s'homogénéiser. Aux États-Unis[3] comme en Europe, toutes les grandes entreprises reconnaissent désormais, du moins sur le papier, la nécessité de prendre en compte l'intérêt de l'ensemble de leurs « parties prenantes » : actionnaires, salariés, clients, territoires, nature, environnement… Intégrant la contrainte de la finitude des ressources, les grands groupes ont d'abord modifié leur mode de production afin de mieux respecter la nature. En parallèle, pour répondre aux aspirations de la société civile, ils se sont engagés sur les questions sociales et sociétales, un terrain de jeu plus complexe car modelé par les différentes cultures nationales. Ce double mouvement a profondément modifié la nature des liens entre les multinationales et les États. La définition de la RSE n'a cessé d'évoluer au fur et à mesure que les entreprises gagnaient en autonomie. Il y a vingt ans, la RSE, vue comme « l'intégration volontaire, par les entreprises, de préoccupations sociales et environnementales à leurs activités commerciales et leurs relations avec leurs parties prenantes[4] », différait au fond assez peu de la philanthropie. Dix ans plus tard, le concept s'était nettement densifié, devenant synonyme de la responsabilité de l'entreprise dans l'impact social et environnemental de son activité. Une troisième variation est en train de se manifester, pour l'instant essentiellement aux États-Unis, avec un engagement nettement plus radical des grands groupes qui assimilent la RSE à la défense d'un agenda politique.

Sur le terrain historique de la philanthropie, les entreprises ont fait preuve de leur efficacité. D'innombrables institutions culturelles, sociales ou sportives sont soutenues grâce aux financements privés. En 2018, la banque JP Morgan a par exemple annoncé investir 30 millions de dollars (26 millions d'euros) sur cinq ans pour aider les associations et entrepreneurs de Seine-Saint-Denis. Ce financement s'inscrivait dans un plan plus large de 500 millions de dollars, « Advancing Cities », visant à soutenir des villes dans le monde entier. Côté impact, l'Europe, héritière d'une forte tradition sociale, a longtemps mené la danse, notamment sur le plan environnemental. Le premier « pneu vert » de Michelin date, par exemple, de 1992. Les pratiques tendent toutefois à s'homogénéiser sous la pression des fluctuations du prix du carbone, des innombrables recours déposés par les élus locaux et surtout de la prise de conscience générale de l'urgence écologique. Aucune présentation de résultats d'un grand groupe occidental ne fait désormais l'économie d'un long développement sur ses objectifs environnementaux. Les grandes annonces ne sont toutefois pas toujours synonymes d'action efficace. Les membres de la Business Roundtable américaine, une sorte de Medef réservé aux plus grandes entreprises, se sont ainsi quelque peu décrédibilisés en s'engageant comme un seul homme, en août 2019, à « soutenir les communautés dans lesquelles nous travaillons [en] protégeant l'environnement et adoptant des pratiques durables ».

Magnifique discours qui, selon l'étude de deux professeurs de droit de Harvard[5], n'a été suivi d'aucun changement dans les pratiques.

Prime donc aux engagements précis ! Depuis l'accord de Paris de 2015, ils se multiplient. Le géant allemand Bosch déclare ainsi être parvenu dès 2020 à la neutralité carbone grâce à la réduction de sa consommation, l'utilisation d'énergies renouvelables et la compensation des émissions restantes. Le groupe PepsiCo souhaite de son côté faire basculer d'ici à 2030 près de 3 millions d'hectares, soit quasiment l'ensemble de son empreinte agricole, en « pratiques agricoles régénératives ». Les champions de l'énergie eux-mêmes, tel Total, se fixent des objectifs de neutralité carbone. Le luxe a également pris un virage radical, comme le démontrent les usines immaculées du secteur. Le groupe Kering a aussi développé son propre modèle de comptabilité environnementale afin de mesurer l'impact extra-financier de son activité. LVMH est de son côté partenaire de la récente chaire de « comptabilité écologique », qui vise à rendre visibles dans les comptes des entreprises les informations relatives à la dégradation des capitaux naturels et humains. Ces questions d'impact sont devenues aujourd'hui si centrales que plusieurs groupes du CAC 40, comme Renault, ont fusionné leur comité RSE et leur comité stratégique.

Dans cet univers, la palme de la transformation revient sans doute à la finance, qui détient par nature un pouvoir de vie ou de mort sur tout projet. Depuis trois ans, les fonds « éthiques » ou « responsables » se sont multipliés, leurs encours dépassant les 2 000 milliards d'euros, soit l'équivalent du produit intérieur brut (PIB) de l'Italie. La première banque américaine, Bank of America, s'est engagée à déployer 1 000 milliards de dollars d'ici à 2030 afin d'accélérer la transition vers une économie à faible émission de carbone. Depuis 2020, BNP Paribas exige de ses clients un calendrier de sortie du charbon thermique d'ici à 2030 dans les pays de l'UE et de l'OCDE, et d'ici à 2040 dans le reste du monde. Le volet impact est devenu si central dans la sphère financière que, pour lever des fonds auprès d'investisseurs institutionnels (grands fonds de pension internationaux, Caisse des dépôts...), les sociétés de gestion soignent désormais tout autant la présentation de leurs engagements RSE que celle de leurs performances financières. La pression est montée d'un cran, car les ONG n'hésitent plus à demander aux fonds comme aux banques de répondre de l'action des entreprises qu'ils financent, que ce soit en capital ou en prêt. Derrière les grands discours, la conversion de la finance à la RSE a gardé longtemps un caractère assez cosmétique, car fondée sur des échanges d'information strictement déclaratifs. En France, ce n'est plus le cas depuis que les grandes entreprises doivent se soumettre à l'exercice de la déclaration de performance extra-financière (DPEF). La vis sera encore bientôt resserrée avec une nouvelle réglementation européenne : la taxonomie des activités vertes, un outil de classification qui permet à tous les acteurs financiers de mesurer selon une grille commune la qualité environnementale d'un investissement.

Faute d'adoption de standards environnementaux internationaux, cette stratégie des mains propres reste toutefois limitée. Le refus des banques occidentales de financer des actifs polluants, comme les mines de charbon, n'a en effet pas suffi à faire disparaître ces industries centenaires. Cela a plutôt eu tendance à les pousser dans les bras de financiers beaucoup moins scrupuleux. Ainsi dans les Balkans, en Grèce ou en Roumanie, des entreprises d'État et des banques chinoises ont pris en charge une dizaine de projets de centrales[6]. Loin de se préoccuper d'organiser l'extinction ou la transformation de ces centrales, ces actionnaires les exploitent sans états d'âme et surtout sans autre souci que la maximisation de la rentabilité. Les restrictions auxquelles s'astreint la finance pèsent aussi sur le financement de secteurs stratégiques comme la défense. L'État français a ainsi eu la plus grande peine à trouver un repreneur européen à l'entreprise Photonis, expert en optronique pour les armées françaises. En raison des nouvelles contraintes que leur imposent leurs investisseurs, aucun fonds d'investissement, soumis à des levées de capitaux régulières, ne pouvait plus devenir actionnaire d'une telle société. C'est pour finir une holding d'investissement assise sur des capitaux familiaux, HLD, qui a réalisé l'opération.

Cette conversion pas à pas des grands groupes aux enjeux environnementaux suit la voie tracée par des entrepreneurs engagés qui s'efforcent depuis des décennies de concilier profit et finalités d'ordre social ou environnemental. Ces chefs d'entreprise acceptent souvent de limiter leur propre rémunération ou la croissance de leur société afin d'assurer la cohérence de leur projet avec des causes qui leur tiennent à cœur, autour de la protection des personnes et de la nature... Depuis la loi Pacte de 2019, un statut juridique spécifique et exigeant, l'entreprise à mission, est dédié en France à ces sociétés poursuivant cette double exigence. Il décline ainsi à la mode française les grands principes du label américain « B Corp ». Ce statut juridique de la *Benefit Corporation* a été créé dans l'État du Maryland en 2010, deux ans avant la *Social Purpose Corporation* de Californie. Aux États-Unis, ces statuts ont un objectif juridique précis : permettre aux entreprises de poursuivre des objectifs sociaux et environnementaux sans se trouver attaquées par leurs actionnaires au nom des responsabilités fiduciaires inscrites dans le droit américain. En France, le statut offre davantage un cadre de transformation. Seul bémol, ces entreprises avant-gardistes, souvent de petite taille et dirigées par leurs fondateurs, peinent pour l'instant à grandir. Beaucoup d'attente reposait sur Danone, entreprise à mission depuis 2019. Mais le groupe n'a pas pu démontrer sa capacité à concilier sur le long terme contraintes financières et promesse d'engagements sociaux et environnementaux car l'emblématique patron qui portait ce discours, Emmanuel Faber, a été remercié par ses actionnaires.

Enfin, la dernière mutation de la RSE a été saluée, en novembre 2019, par le magazine *Time*, dans un papier au titre sans ambiguïté : « Pourquoi les entreprises ne peuvent plus éviter la politique ». Cet article prenait simplement acte du fait que les groupes américains se prononcent dorénavant sur toutes les grandes réformes qui divisent le pays. Le tournant remonte à la loi sur la liberté religieuse promulguée en 2015 par le gouverneur de l'État de l'Indiana, Mike Pence, qui permettait à un particulier ou à une entreprise d'invoquer dans un procès une entrave « substantielle » à sa liberté de religion pour sa défense. Le texte, accusé d'autoriser des discriminations, notamment envers les personnes homosexuelles, fut immédiatement attaqué par Apple et finit par être abrogé. Suivit, toujours en 2015, la terrible « guerre des toilettes ». En plein débat sur les W-C neutres, la Caroline du Nord avait voté une loi interdisant que les transgenres utilisent les toilettes de leurs choix, officiellement de crainte que des femmes puissent être choquées de croiser en ces lieux des personnes ayant toute l'apparence d'hommes (même si elles se sentent femmes). Les réactions furent là aussi immédiates[7] : alors qu'artistes et sportifs décidaient de boycotter la Caroline du Nord, près de quatre-vingts dirigeants de la Silicon Valley prirent leur plume pour protester auprès du gouverneur de Caroline du Nord contre les « dispositions discriminatoires » de cette loi. En Europe, cet engagement politique se matérialise pour l'instant plus modestement par la défense plus ou moins active de valeurs. « L'entreprise n'a pas le choix : elle doit respecter la loi. Et au-delà de la loi, les acteurs privés sont aussi contraints de se soumettre à une forme d'accord implicite sur les nouvelles valeurs qui caractérisent notre société : respect, cohésion, souci de l'avenir et de la durabilité de l'action », reconnaît ainsi la philosophe Monique

Canto-Sperber[8]. Vanter les mérites de ses produits ou services ne suffit plus à enthousiasmer le chaland. Il faut apporter au consommateur un « supplément d'âme ». Rassurer sur ses bonnes intentions, tout en donnant des informations sur son objet social relève alors d'un savant équilibre, comme l'illustre le slogan quelque peu cocasse du distributeur Casino : « Nourrir un monde de diversité ».

Diversité ou égalité ?

Le sympathique mot d'ordre de Casino illustre bien la fascination européenne envers le concept de diversité. Une notion devenue si prégnante au cœur de notre culture qu'on s'étonne presque de ne pas la voir figurer au sein de la devise républicaine. Cette passion pour la diversité, qui tient désormais lieu de matrice politique au sein de bien des grands groupes, découle pourtant d'un texte juridique américain : l'arrêt de la Cour suprême « Régents de l'université de Californie v. Bakke » de 1978. Ce texte a eu un grand retentissement car il précise pour la première fois les conditions de validité des politiques de discrimination positive, notamment liées à l'origine ethno-raciale, à l'université. L'action en justice à l'origine de l'arrêt a été lancée en 1974 par Allan Bakke, homme blanc d'une trentaine d'années, refusé à deux reprises à l'entrée de l'une des facultés de médecine de l'université de Californie, alors que des étudiants identifiés par leur origine (Noirs, Asiatiques, Chicanos et Native Americans) étaient admis malgré des scores nettement inférieurs. Dans le cadre du programme d'*affirmative action* mis en œuvre par l'Université, 16 % des places étaient en effet réservées d'office à ces étudiants. Bakke s'estimait donc victime d'une pratique discriminatoire, en violation du 14e amendement à la Constitution des États-Unis, qui garantit à tous « l'égale protection des lois ». L'arrêt de la Cour suprême va alors s'atteler à définir la constitutionnalité d'un programme d'*affirmative action*. Opposés au départ sur la question, les juges de la Cour suprême finissent par s'accorder sur un subtil compromis : ils refusent l'existence de dispositifs de quotas raciaux explicites, mais reconnaissent la légitimité d'un programme d'admission à prendre en compte les caractéristiques raciales des candidats si cela permet de contribuer à la « diversité » de la population étudiante.

Cette décision va profondément orienter le débat américain, plaçant la notion de diversité au cœur de toutes les réflexions sur la justice sociale. La juriste Nancy Leong a quantifié cette montée en puissance du terme « diversité »[9] : jusqu'aux années 1960, la fréquence du mot au sein de l'ensemble des publications américaines est de 0,0005 %. Elle commence à s'envoler à partir des années 1970 jusqu'à atteindre, en 2000, 0,0033 %. La progression est si forte que, peu à peu, la notion de diversité remplace dans la société l'idée même d'égalité. Ce paradigme habite parfaitement une grande entreprise progressiste comme Disney, au point que des mémos internes incitent les salariés à rejeter les notions d'« égalité » ou d'« égal traitement » car elles ne refléteraient pas la réalité « de l'infrastructure raciste américaine »[10]. Nancy Leong estime que cette nouvelle obsession pour la diversité a semé les germes d'un « capitalisme racial[11] ». La professeure de droit n'est pas une farouche ségrégationniste, loin de là, elle reconnaît les bienfaits qu'apporte la diversité à un groupe, une institution ou un pays comme les États-Unis. Elle s'afflige simplement de l'utilisation cynique et systématique des origines ethniques, devenues, pour les grandes entreprises, un élément marketing parmi d'autres. Elle pointe notamment du doigt la facilité avec laquelle des groupes choisissent systématiquement d'illustrer leur rapport annuel avec la photo d'un de leurs (rares) salariés de couleur. Pour Nancy Leong, un tel procédé ne peut créer que du ressentiment chez la personne ainsi utilisée, l'entreprise faisant sans scrupule de la couleur de peau des salariés un actif financier parmi d'autres, et non plus la « manifestation personnelle et précieuse de l'identité d'une personne ».

Avec cette notion de diversité, les juristes espéraient proposer à leur pays un outil efficace pour tourner la page de la longue et douloureuse histoire de la ségrégation. La réussite de l'opération ne saute pas aux yeux, quelques décennies plus tard. L'universitaire de Chicago Walter Benn Michaels, proche des courants marxistes, qualifiait dès 2006, dans son essai *La Diversité contre l'égalité*[12], cette vaste campagne pour la diversité d'écran de fumée. « Au cours des trente dernières années, les pays comme la France, les États-Unis, le Royaume-Uni et le Canada sont devenus de plus en plus inégalitaires, économiquement parlant. Et plus ils sont devenus inégalitaires, plus ils se sont attachés à la diversité. C'est comme si tout le monde avait senti que le fossé grandissant entre les riches et les pauvres était acceptable du moment qu'une partie des riches sont issus des minorités[13] », avançait-il. L'universitaire pointait bien sûr du doigt le parti démocrate, qui a assumé de délaisser les questions économiques d'amélioration du bien-être des classes populaires, réputées passées sans retour possible dans le camp républicain, pour se convertir à ce combat de la protection des minorités, ce qu'on appelle aux États-Unis les *identity politics*. « Le problème de la gauche contemporaine, ce sont les formes particulières d'identité qu'elle choisit de plus en plus de célébrer. Plutôt que de bâtir des solidarités autour de grands collectifs comme la classe ouvrière ou ceux qui sont exploités économiquement, elle se concentre sur des groupes de plus en plus restreints, marginalisés d'une façon spécifique », critique par exemple Francis Fukuyama[14]. Depuis le fameux rapport

Terra Nova de 2011[15], la gauche française a suivi le même mouvement.

Les entreprises, sous la pression, ont pris le tournant donnant naissance, en miroir des *identity politics*, à la notion d'*identity capitalism*. La diversité est ainsi devenue un pilier de toute politique RSE digne de ce nom. Pour répondre aux attentes de certains fonds, qui en font un critère d'investissement, les grandes entreprises sont priées de recruter non seulement en tenant compte de la diversité ethnique de leurs collaborateurs mais aussi de leur orientation sexuelle. La réglementation l'encourage désormais : la Californie a ainsi voté à l'été 2020 une loi obligeant les conseils d'administration des sociétés cotées de l'État à accueillir au moins un membre issu d'une minorité. Sont concernées « les personnes s'identifiant comme noires, afro-américaines, hispaniques, latines, asiatiques, insulaires du Pacifique, amérindiennes, hawaïennes natives d'Alaska, gays, lesbiennes, bisexuelles ou transgenres ». L'Illinois a suivi dans la foulée.

En France, ce concept de diversité a d'abord été décliné sous l'angle de l'insertion des personnes handicapées, puis du recrutement dans les « quartiers », de l'égalité hommes/femmes et, depuis quelques années, de l'inclusion des personnes LGBT (lesbiennes, gays, bisexuels et transgenres), « parce que l'orientation sexuelle n'est pas qu'un sujet d'ordre privé », comme l'affirment les ressources humaines du groupe bancaire BPCE. Depuis la loi Copé-Zimmermann de 2011 qui impose des quotas de femmes dans les conseils d'administration, Paris fait plutôt figure de bon élève sur les questions de parité homme/femme. La France reste en revanche fermée, malgré des débats fréquents, aux recensions ethniques. Le sujet de la diversité d'origine des collaborateurs est alors en général abordé par un travail sur les biais de recrutement. Du côté des « minorités sexuelles », pour employer le vocable nord-américain, les dernières conquêtes se sont portées sur l'extension du congé paternité à tous les couples. Les grands groupes (L'Oréal, TF1, BNP Paribas…) ont ainsi multiplié la signature d'accords permettant aux collaborateurs qui accueillent un enfant né d'une mère porteuse à l'étranger de prendre un congé paternité. « Adrien a pris du temps off pour se consacrer à son rôle de papa. L'entreprise le soutient depuis le début de son parcours de gestation pour autrui », a ainsi affirmé L'Oréal au printemps 2020, *via* son compte Facebook, suite à la naissance des jumelles d'un de ses cadres dirigeants. La loi française n'autorise pas la GPA ; les entreprises qui estiment préempter les évolutions à venir ne s'y arrêtent pas. De son côté, depuis 2019, pour ne discriminer personne, le Suisse Nestlé demande simplement à un collaborateur ayant recours à un congé pour l'accueil d'un enfant de signaler s'il est premier parent (*primary caregiver*, selon la terminologie officielle du groupe) ou deuxième parent (*secondary caregiver*).

La tentation « woke »

Cette défense de la diversité a pris ces dernières années une orientation virulente dans le sillage du mouvement « Black Lives Matter », lancé pour protester contre les violences policières dont sont victimes les Noirs aux États-Unis. Ces vastes manifestations antiracistes, auxquelles les entreprises ont tenu à s'associer, ont exacerbé les demandes de reconnaissance identitaire. Uber, le *New York Times*, JP Morgan ou

Nike ont par exemple décidé d'accorder à leurs collaborateurs un nouveau jour férié, le 19 juin, qui célèbre l'abolition de l'esclavage au Texas en 1865. Certains groupes se sont fixé des quotas de diversité. Adidas a ainsi annoncé que 30 % de ses embauches aux États-Unis seraient réservées à des personnes noires ou d'origine latino-américaine. Les chiffres parlent en effet d'eux-mêmes : selon les données de la Commission d'État pour l'égalité des opportunités d'emploi, les personnes noires ne représentaient fin 2020 que 1 % des patrons des 500 plus grands groupes américains et 3 % des cadres supérieurs. Dans ce contexte, le terme *woke* a d'abord été utilisé par les Noirs américains, pour qualifier des personnes « éveillées », sensibilisées aux injustices liées à la race. Depuis deux ans, le vocable a changé de bord. Il est dorénavant davantage utilisé par les opposants au mouvement, qui dénoncent le développement, à partir des revendications des Afro-Américains, d'une idéologie analysant le monde uniquement par le prisme des discriminations. Ainsi en réponse au racisme, les penseurs *woke* proposent de segmenter la société sur une base raciale, enfermant *de facto* chacun dans sa couleur de peau afin, d'une part, de rééduquer les Blancs et, d'autre part, de protéger les personnes de couleur.

Le concept a séduit de nombreuses corporations. Google a ainsi créé, en 2020, une icône pour identifier les commerces tenus par des personnes noires afin de les privilégier. Des applications de livraison de repas à la maison telles que Doordash permettent également de sélectionner uniquement des restaurants tenus par des Noirs. Une obsession qui n'est pas sans rappeler *La Tache*, de Philip Roth, roman datant pourtant d'il y a plus de vingt ans[16]. Pour échapper à cette dialectique de la race, son héros, Coleman Silk, de famille noire mais à la peau claire, décide de cacher ses origines. Devenu professeur, il est brutalement rattrapé par la question car accusé de manière absurde de racisme envers des étudiants. Même si l'affaire finit par provoquer son renvoi de l'Université, il refuse de s'excuser, déclarant se méfier plus que tout de « la tyrannie du nous, du discours du nous, qui meurt d'envie d'absorber l'individu, le nous coercitif, assimilateur, historique, le nous à la morale duquel on n'échappe pas ».

Les DRH des grands groupes américains ne semblent pas étreints par cette angoisse. Ils ont ouvert grandes leurs portes à quantité de nouveaux prophètes de l'antiracisme, faisant appel à des *diversity trainers*, chargés d'éradiquer à coups de formations et de conférences les préjugés de leurs employés. Début 2021, des salariés de Coca-Cola ont fait fuiter des diapositives issues d'un cours en ligne « pour lutter contre le racisme ». Cette formation leur apprenait à se comporter comme des personnes « moins blanches », c'est-à-dire à adopter une attitude « moins ignorante », « moins oppressive », « moins arrogante ». L'auteur du cours, Robin DiAngelo, est l'une des théoriciennes américaines les plus en vue de cette nouvelle école racialiste. Au siège de Disney, la direction a pour sa part assumé le fait d'organiser une forme de ségrégation au sein de ses employés en créant trois groupes affinitaires[17] destinés aux personnes latinos, asiatiques et noires. Les employés blancs ont été de leur côté invités dans d'ubuesques sessions de formation à faire la liste de tous leurs privilèges et à s'interroger sur les origines de leur patrimoine. N'aurait-il rien à voir avec le « racisme structurel de la société américaine » ? Le journaliste Christopher Rufo, à l'origine des révélations sur Disney, a également relaté l'existence, dans certains groupes, de stages de quasi-rééducation, réservés aux hommes blancs hétérosexuels. La société de conseil au nom prophétique de « White Men As Full Diversity Partners » a par exemple organisé pour Lockheed Martin[18], la première entreprise américaine de défense et de sécurité, un séminaire de trois jours destiné à ses hauts cadres dirigeants blancs et ayant pour objet de déconstruire leur « culture de privilèges ».

Cette nouvelle matrice anglo-saxonne qui revient à classer chacun sur une échelle de privilège en fonction de sa couleur de peau et de son orientation sexuelle bouscule les valeurs européennes. Et, pour l'instant, seule une petite minorité engagée a suivi cette voie, avec d'ailleurs plus ou moins de succès. La bascule vers l'antiracisme militant exige en effet un certain professionnalisme, comme la Poste espagnole l'a appris à ses dépens, en mai. Pour marquer l'anniversaire de la mort de George Floyd, lors de son arrestation par la police, le groupe a lancé une collection de timbres, les « Equality Stamps », représentant différentes couleurs de peau. Scandale immédiat car la valeur des timbres était corrélée à la clarté de la peau, variant de 0,70 euro pour celui représentant la peau noire à 1,60 euro pour le blanc. L'Hexagone affiche de son côté un net scepticisme face à ces engagements si on se fie à un sondage Harris d'août 2021 pour l'Institut du dialogue civil. Selon l'enquête, dans le choix d'un produit, les critères majeurs des Français restent la qualité (90 %), le prix (84 %) ou encore l'impact sur la santé (84 %). La place que l'entreprise accorde aux femmes n'est un critère prioritaire que pour 46 % des consommateurs, et celle qu'elle accorde selon l'origine ethnique, l'identité sexuelle ou la religion que pour, respectivement, 40 %, 38 % et 36 % des personnes sondées.

Les lignes commencent néanmoins à bouger, notamment *via* l'influence des filiales des groupes américains, qui exportent dans toutes les capitales du Vieux Continent le principe de leurs séminaires antiracistes réservés aux Blancs. Le luxe suit aussi le mouvement de près, comme la campagne Louboutin de l'été 2021, autour de la nouvelle collection, « Walk a Mile in My Shoes », inspirée par la phrase de Martin Luther King, l'a bien illustré. Son lancement a connu un coup de projecteur grâce à la participation de la militante antiraciste Assa Traoré. La jeune femme a publié sur le compte Facebook du collectif « La Vérité pour Adama » une photo d'elle, poing levé, et hauts talons, agrémentée d'un texte où elle évoque la mort de son frère Adama « il y a cinq ans entre les mains des gendarmes » avant de conclure avec lyrisme : « Je marcherai dans vos pas à tous les trois [les designers de la maison], grandie par cette élégante création qui fait de moi une femme fière de ce que nous construisons ensemble. Justice pour tous. » Les bénéfices de la collection seront reversés à des organisations œuvrant pour la justice sociale, a précisé Louboutin, selon qui l'escarpin Free Walkie, 995 euros, « exprime cette saison l'empathie et la solidarité ».

Les grandes maisons du luxe font les yeux doux à cet antiracisme militant pour se protéger de très néfastes procès en appropriation culturelle. Gucci, une marque phare de Kering, s'est ainsi retrouvé dans la tempête au printemps 2019, pour avoir lancé un col roulé décoré de larges lèvres rouges, jugé raciste, car pouvant évoquer une *blackface*, une caricature de visage noir. Afin de se faire pardonner, le groupe a depuis multiplié les dons à des associations de lutte contre les discriminations et les séminaires de sensibilisation. Le monde de la mode semble à vrai dire globalement si déconnecté que la mannequin britannique Lily Cole a réussi le tour de force de poster sur Instagram une photo d'elle en *burqa*, légendée d'un engagé « Accueillons la diversité », le lendemain de la prise de Kaboul par les talibans. L'industrie cosmétique, directement exposée par ses produits à ces questions de couleur de peau, a également franchi le Rubicon. En juin 2020, L'Oréal annonçait ainsi retirer « les mots blanc/blanchissant, clair, de tous ses produits destinés à uniformiser la peau ». Le groupe français suivait son concurrent américain Johnson and Johnson, propriétaire notamment des marques Neutrogena, RoC ou Le Petit Marseillais, qui avait déclaré plus tôt abandonner la production de substances éclaircissantes commercialisées en Asie et au Proche-Orient. « Les débats des dernières semaines ont mis en lumière le fait que le nom ou les descriptifs de certains produits de nos gammes Neutrogena et

Clean & Clear représentaient la blancheur et la clarté de peau comme plus belles que d'autres couleurs », avait justifié la société.

Le positionnement de L'Oréal est symptomatique de la montée en puissance de ces mouvements radicaux antiracistes. En 2017, le groupe avait évincé de ses campagnes le mannequin transgenre Munroe Bergdorf, en raison de propos haineux envers les Blancs. « Franchement, je n'ai plus l'énergie de parler de la violence raciale des Blancs. Oui, de tous les Blancs. Parce que la plupart d'entre vous ne réalisent même pas, ou refusent d'admettre, que votre existence, vos privilèges et votre succès en tant que race sont bâtis sur le dos, le sang et la mort de personnes de couleur », avait écrit la Britannique sur son compte Facebook. Une affirmation immédiatement sanctionnée par L'Oréal… Sévérité, ou simple bon sens serait-on tenté de penser, que l'entreprise a ensuite payé bien cher. Munroe Bergdorf n'a en effet pas manqué de lui rappeler son renvoi lorsque, en 2020, L'Oréal a voulu s'afficher solidaire du mouvement « Black Lives Matter ». « Allez-vous faire foutre L'Oréal Paris. Vous m'avez laissée tomber lors d'une campagne en 2017 et m'avez jetée aux loups pour avoir parlé du racisme et de la suprématie blanche. Sans aucune précaution, sans hésitation. » « Allez-vous faire foutre avec votre "solidarité". Où était votre soutien lorsque j'ai pris la parole ? » a vitupéré le mannequin sur Twitter. Face à l'esclandre, L'Oréal n'avait plus qu'à s'excuser et à réembaucher, certainement à prix d'or, Munroe Bergdorf.

Chapitre 2

Les raisons de ce tournant

Les opérateurs privés doivent d'abord se conformer aux lois en cours, de plus en plus exigeantes sur le volet de la RSE, notamment côté transition écologique, et, du moins en Europe, très protectrices des salariés. Mais, au-delà de ce socle, pourquoi faire du zèle sur la diversité, l'antiracisme ou tout engagement politique ? Le philosophe phare du XVIIIe siècle, Emmanuel Kant, dans sa fable du marchand honnête[1], a tranché la question : « Par exemple, il est sans doute conforme au devoir que le débitant n'aille pas surfaire le client inexpérimenté, et même c'est ce que ne fait jamais dans tout grand commerce le marchand avisé ; il établit au contraire un prix fixe, le même pour tout le monde, si bien qu'un enfant achète chez lui à tout aussi bon compte que n'importe qui. On est donc loyalement servi ; mais ce n'est pas à beaucoup près suffisant pour qu'on en retire cette conviction que le marchand s'est ainsi conduit par devoir et par des principes de probité ; son intérêt l'exigeait [...]. Voilà donc une action qui était accomplie, non par devoir, ni par inclination immédiate, mais seulement dans une intention intéressée. » Or pour Kant, une action ne peut être morale si elle n'est pas complètement désintéressée. Les marchands d'aujourd'hui seraient-ils différents ? Certains, sans doute, tel Hamdi Hulukaya, fondateur aux États-Unis de Chobani, un champion du yaourt grec. Par conviction, cet entrepreneur d'origine kurde est devenu un ardent défenseur de l'intégration des réfugiés. Au-delà de cette minorité militante, la grande majorité des dirigeants adopte cette nouvelle orientation morale par intérêt. Elle leur permet d'attirer des jeunes talents, de se faire bien voir des investisseurs et des consommateurs. « Ce n'est pas de la bienveillance du boucher, du brasseur ou du boulanger que nous attendons notre dîner, mais plutôt du soin qu'ils apportent à la recherche de leur propre intérêt. Nous ne nous en remettons pas à leur humanité, mais à leur égoïsme », expliquait déjà Adam Smith. Les grands opérateurs privés n'ont en effet tout simplement pas le choix. Face, d'une part, au déclin des institutions nationales historiques et, d'autre part, à la mondialisation des défis, ils se retrouvent au cœur des attentes et angoisses de leurs contemporains.

Transcendance et reconnaissance

Les multinationales doivent assumer ainsi ce rôle inconfortable de porter attentes et frustrations de la société contemporaine car la place est vide : les autres grandes institutions – Églises, partis politiques, syndicats, grandes idéologies… – qui structuraient la civilisation en Occident et organisaient le débat autour des valeurs communes se sont peu à peu affaissées. Le phénomène est encore plus frappant aux États-Unis puisque le vaste mouvement antiraciste qui secoue le pays depuis 2015 a été déclenché au départ par les errements d'une institution de l'État, la police. L'entreprise, en tant qu'employeur mais aussi de fournisseur de biens et services, reste dans ce monde fragmenté l'une des dernières entités qui assument d'organiser une forme de vie collective. Ce rôle prépondérant se lit dans l'incroyable valeur marchande accordée aux grandes marques internationales. Selon le cabinet Interbrand, la marque Apple valait ainsi, en 2020, 323 milliards de dollars, et Coca-Cola, 57 milliards. À l'heure de l'atomisation de la société, les marques surnagent comme l'un des derniers éléments d'une grammaire commune.

Dans nos sociétés prospères, assurer sa survie et celle de sa famille ne suffit plus à donner du sens au travail. Parallèlement, le consommateur ne se satisfait plus d'acheter le produit le moins cher ou, au contraire, le plus luxueux de sa catégorie. Il lui faut en plus ressentir le sentiment de contribuer positivement à la vie de la cité, d'œuvrer pour un monde meilleur. Devenues ainsi le réceptacle de l'immense demande de sens qui émane de la société, les multinationales se sont organisées pour y répondre. *Via* la multiplication dans les rayons des produits estampillés bio, durables ou éthiques, les entreprises offrent ainsi à chacun, contre quelques euros, l'opportunité de vivre une expérience – certes peu émouvante mais allégée de toute contrainte – de transcendance sécularisée. La promesse adressée aux salariés de s'attaquer à tous les maux de la terre relève de la même logique. Le politologue américain Ronald Inglehart explique bien cet intense besoin, dans les sociétés avancées, de « supplément d'âme »[2]. Selon sa thèse, le développement économique permet aux individus de se libérer peu à peu des craintes pour leur sécurité matérielle et d'adhérer progressivement à de nouvelles valeurs « post-matérialistes » centrées sur le sentiment d'appartenance, l'autonomie et l'expression de soi. Ces valeurs se répandent dans les sociétés d'abondance au fil du renouvellement des générations.

La montée en puissance de la responsabilité sociale et environnementale des entreprises s'expliquerait alors par l'aspiration de chaque nouvelle génération à aller un cran plus loin que la précédente dans l'individualisation des valeurs. En caricaturant, les quinquagénaires sont sensibles au fait que leur entreprise limite au maximum les licenciements et prête attention à l'impact de son activité sur la nature. Ce socle, pourtant fragile, étant jugé acquis aux yeux des jeunes générations, ces derniers s'engagent en faveur de l'inclusion, la diversité... jusqu'à ce qu'ils soient dépassés par le combat de leurs propres enfants. Le champ de la reconnaissance identitaire pouvant se sophistiquer à l'infini, gageons qu'ils ne manqueront pas d'idées. À moins que cette dynamique d'extension de l'expression de soi ne finisse par se retourner contre elle-même, provoquant un brusque retour des valeurs « matérialistes ».

L'entreprise est encore érigée en totem dans notre société car elle se retrouve désormais bien seule au cœur de la quête de reconnaissance qui anime toute la vie sociale des hommes contemporains. Le défi est rude si l'on se fie à l'ambitieuse définition de l'identité que donne l'intellectuel anglo-polonais Zygmunt Bauman. « Qu'est-ce que l'identité ? Empruntant à Rimbaud, nous pouvons dire qu'elle est la recherche d'une vérité (une vérité de soi), de l'âme comme du corps. La vérité : une chose dure, honnête, digne de confiance... De nos jours, nous sommes tous engagés dans une telle recherche[3]. » Ce besoin explique les drames que peut cacher une vie de bureau apparemment des plus anodines. Souffrance au travail, burn out... le salarié attend tant de son emploi qu'il peut rapidement se désespérer. Le philosophe allemand Axel Honneth, le successeur d'Habermas à Francfort, a travaillé, dans le cadre de sa vaste étude sur le caractère conflictuel de notre société, sur les conséquences des licenciements. Selon l'auteur de *La Lutte pour la reconnaissance*[4], lorsque l'individu fait l'expérience d'un manque de reconnaissance, il va naturellement entrer en lutte. Dans un entretien à la revue *Esprit*[5], le philosophe expliquait avoir voulu « dégager toute la variété de réactions affectives de nature morale avec lesquelles les personnes concernées réagissent à la perception d'une lésion, ressentie comme un "tort", de leurs attentes de reconnaissance. Cela va en effet de la honte éprouvée en silence à la tolérance amère jusqu'à l'indignation furieuse, autant d'états affectifs dans lesquels s'affirme cependant une prise de position morale ». Les immenses attentes des salariés envers leurs employeurs, et leur intense désarroi en cas de trahison, s'éclairent à l'aune de cette description.

Soigner les jeunes générations

La jeune génération porte ce mouvement. Selon une étude du cabinet de conseil McKinsey[6], neuf membres sur dix de la génération Z (nés entre 1995 et 2010), qui représente 150 milliards de dollars en termes de pouvoir d'achat, estiment que les entreprises doivent s'impliquer davantage dans la société. Ce désir, particulièrement fort au sein des groupes de services, a été favorisé par l'évolution des conditions de travail. Exit l'uniforme des costumes et tailleurs. Désormais, chacun vient au travail avec les vêtements qui lui ressemblent, et surtout reste, *via* les réseaux sociaux et sa messagerie mail, lié toute la journée aux préoccupations de sa sphère privée. Selon une étude de la Fondation Jean-Jaurès[7], 72 % des 18-24 ans se considèrent comme engagés – dont 17 % « très engagés » –, contre seulement 55 % des plus de 65 ans. Changement notoire, l'engagement des moins de 25 ans ne passe plus par le vote, mais par le fait de rejoindre une association (80 %), de parler de sa cause dans les médias traditionnels (74 %) et de partager des messages sur les réseaux sociaux (70 %).

Demander à l'entreprise de prendre en compte ces préoccupations devient alors naturel. Cette nécessité de l'engagement se ressent par exemple chez Lego. En 2020, par solidarité avec le mouvement « Black Lives Matter », la marque danoise a solennellement décidé de ne plus faire de publicité pour ses figurines de policiers. À l'occasion du mois des fiertés, en juin 2021, elle a sorti un nouveau kit aux couleurs du drapeau arc-en-ciel, emblème de la communauté homosexuelle. Le jeu se compose d'un ensemble de briques rangées par couleur et de onze figurines assorties, qui doivent représenter toutes les orientations sexuelles possibles. Dans une vidéo, le concepteur de la gamme baptisée « Tout le monde est génial » explique avec enthousiasme qu'il veut vanter le droit à la différence et à la tolérance, et assure que lui, plus jeune, aurait aimé recevoir ce jouet. Les jeunes Français n'échappent pas à cette tendance, comme le confirme l'étude « Comment la nouvelle génération va transformer l'entreprise » publiée par l'école de commerce Edhec en mai 2019, à partir des réponses de plus de 2 700 étudiants. À la question : « Quels sont les principaux critères de choix d'une entreprise pour y travailler ? », les réponses les plus fréquentes sont la diversité des collaborateurs (60 %), ainsi que la démarche RSE et le respect des principes du développement durable (50 %). De manière tout aussi révélatrice, les dirigeants quinquagénaires les plus impliqués dans l'engagement social et environnemental de leur entreprise citent invariablement comme élément déclencheur de leur chemin de Damas vers la RSE le regard critique de leurs enfants sur leur métier. Pour expliquer la force des revendications des jeunes générations, l'essayiste Hakim El Karoui note que « c'est l'élévation du niveau éducatif ces dernières dizaines d'années qui est le vrai moteur des revendications d'autonomie et d'affirmation de la volonté de puissance individuelle. [...] Ce phénomène concerne évidemment la jeunesse musulmane qui est encore plus que les autres travaillée par ces questions identitaires du fait de sa désaffiliation en cours avec la génération précédente. [...] Mais la préoccupation identitaire ne leur est pas réservée. C'est la même dynamique qui anime aujourd'hui les militants pro-climat, vegan, LGBT... Eux aussi attendent avant tout du respect pour ce qu'ils sont, dans un contexte où il y a un problème majeur de communication entre les générations[8] ».

L'entreprise, qui fut pendant des décennies un des principaux lieux, avec la sphère familiale, de rencontre et d'échanges, plus ou moins feutrés, entre les générations, pourrait ainsi perdre ce statut pour, au contraire, cristalliser les nouvelles rancunes. Cette perspective de confrontations est, par exemple, tout à fait assumée par la jeune entrepreneure en communication Flora Ghebali : « Si la génération Y est celle de la quête de sens, la génération X est celle du passage à l'action. Manifestations, boycotts d'industries, transformation des modes de vie, la radicalité est le mot d'ordre. Le risque, c'est la rupture, une fracture si profonde que nous n'arriverons plus à faire société[9]. » Malgré leur ton parfois décapant, les groupes sont prêts à beaucoup de concessions pour trouver un modus vivendi avec cette jeune génération, qui leur assure tout simplement d'être dans le sens du vent, un sujet crucial. Si le conservatisme n'a jamais été une option pour un entrepreneur, l'anticipation revêt en période de taux d'intérêt bas, qui déforme dans le temps la courbe de valorisation des entreprises, une importance particulière. « Avec les taux bas, la valeur d'une entreprise aujourd'hui, c'est en grande majorité les *cash-flows* qu'elle réalisera dans dix ans. Dans ce contexte, il est vital pour les entreprises d'anticiper les prochaines tendances. Au fond, elles se projettent dans l'avenir bien plus que les politiques », juge ainsi Augustin Landier[10], professeur de finance à HEC. Pour garder un coup d'avance, les multinationales poursuivent différentes stratégies : l'une des plus efficaces, adoptée fidèlement par les géants du numérique, est l'acquisition des jeunes pousses apparues sur leur terrain de jeu. D'autres tentent, en général sans grand succès, de sacraliser en interne des départements dédiés à la création et à la prospective. Enfin, depuis une petite dizaine d'années, les grands groupes mettent un point d'honneur à constituer en parallèle de leur comité exécutif officiel un comité des moins de 35 ans. Dès 2013, Pernod Ricard a ainsi instauré un « Youth Action Council », imité depuis par une poignée de pairs. Accor, la Macif ou Havas ont ainsi leur « Shadow Comex ». L'objectif : valoriser les jeunes talents, bien sûr, mais aussi s'assurer de la bonne diffusion de la culture numérique et des innovations au sein du groupe.

À l'enthousiasme des jeunes répond, en France, un certain scepticisme des seniors. Si on se fie à un sondage de janvier 2020 pour Philonomist[11], le nouvel engagement des multinationales vers le bien laisse en effet de marbre le gros des troupes, qui semblent adhérer, malgré tous les efforts de communication de leurs employeurs, à une vision très classique, voire étonnamment libérale, des missions de leur entreprise. Selon eux, le premier objectif d'une entreprise doit ainsi être de « servir ses clients » (35 %), et le second de « faire du profit » (34 %). Seulement 12 % estiment que le moteur d'une entreprise doit être avant tout de « rendre le monde meilleur ». En bons descendants de Pascal, les salariés semblent se retrouver assez spontanément dans la théorie de la séparation des ordres développée par André Comte-Sponville[12]. Le philosophe distingue trois sphères, l'« économico-technico-scientifique », qui relève du possible et de l'impossible, le « juridico-politique », qui définit le légal ou l'illégal, et la « morale » ou l'« éthique ». Le capitalisme, appartenant au premier ordre, n'aurait pas à se préoccuper de morale et à s'immiscer dans les consciences individuelles. Cette suspicion s'explique aussi sans doute par l'expérience des salariés plus âgés qui, ayant vécu à partir de la fin des années 1990 l'explosion du capitalisme financier, corollaire d'un surcroît de compétition au sein de l'entreprise, se méfient davantage des promesses de changement initiées par la direction.

Une promesse de performance ?

Dès 2016, le *think tank* gouvernemental France Stratégie, ex Commissariat général du plan, encourageait les entreprises à aller au-delà des contraintes imposées par le législateur, en démontrant dans une étude que « la RSE est significativement corrélée avec la performance économique des entreprises », avec un écart de performance économique d'environ 13 % en moyenne entre les entreprises qui mettent en place des pratiques RSE et celles qui ne le font pas. Les sociétés n'hésitent pas déjà à se montrer mieux-disantes sur le volet social – protection santé, congés payés, flexibilité… – afin de pouvoir recruter facilement. Côté environnement, l'industrie peut aussi faire preuve de beaucoup d'innovation quand il s'agit de s'assurer de la durabilité de ses ressources. Le regard sur la planète a en fait radicalement changé en quelques années. Un changement que le philosophe allemand Peter Sloterdijk décrit ainsi : « Ce qui a été la scène devient le thème des événements. Ce qui servait d'arrière-plan s'intègre au premier plan. Ce qui était là comme matière première apparaît comme produit. Ce qui était la scène devient la pièce elle-même[13]. »

Les politiques antidiscrimination, au-delà des questions évidentes d'éthique, répondent aussi à des enjeux de performances. Les salariés travaillent bien sûr mieux dans une ambiance sereine, où ils se sentent libres de partager des éléments de leur vie privée, sans se sentir jugés en raison de leurs origines, couleur de peau ou orientation sexuelle. Les programmes de lutte contre les discriminations, qui visaient à assurer l'égalité de tous, existent aux États-Unis depuis les années 1960. Emportés par la vague de l'*affirmative action*, ils ont peu à peu muté en défense proactive de la diversité, déclinée aujourd'hui au sein des groupes les plus progressistes à la sauce *woke*. Le rapport *Workforce 2000*, rédigé en 1987 par le Hudson Institute pour le ministère du Travail américain, marque ce tournant vers la diversité, d'ailleurs bien davantage considérée à l'époque comme un atout en termes de positionnement sur un marché, en raison du poids économique croissant des minorités, que comme un sujet de lutte antiraciste. « Révoltante sur le plan de l'éthique et de la morale, la discrimination des minorités visibles en entreprise est aberrante sur le plan économique. C'est pourquoi lutter contre la discrimination en entreprise n'est pas affaire de compassion mais plutôt d'intérêt bien compris », écrit de son côté en 2004 Claude Bébéar, dans son rapport alors très audacieux, « Des entreprises aux couleurs de la France ».

Le cabinet de conseil McKinsey a validé cette interprétation, en publiant une série d'études établissant un lien entre performances financières et politique de diversité. Le premier opuscule, « Why Diversity Matters », datant de 2015, fit couler beaucoup d'encre. Selon cette enquête les entreprises dont les salariés présentent le plus de diversité en termes raciaux et ethniques affichent des performances supérieures de 35 % aux moins diverses. Dans une tribune de l'été 2021, intitulée en toute simplicité « Je vais rendre la Banque d'Angleterre meilleure – en améliorant la diversité raciale » et publiée dans *The Guardian*, le gouverneur de la Banque d'Angleterre Andrew Bailey[14] prenait aussi clairement parti pour la diversité, liant même la surreprésentation des hommes blancs dans la finance et la crise financière de 2008. « Nous savons à quel point il est dommageable pour les organisations d'être composées uniquement de personnes issues de milieux similaires et qui pensent de la même manière : le manque de diversité et d'inclusion dans les services financiers a contribué à la prise de décisions dangereuses qui ont contribué à la crise financière de 2008. »

La diversité est, bien sûr, une richesse en soi. Depuis longtemps, la majorité des grandes entreprises veillent d'ailleurs à croiser, au sein de leurs instances dirigeantes, des personnes d'expériences et de cultures différentes. Fonder cette diversité strictement à partir de la couleur de peau ou de l'orientation sexuelle des personnes, comme le modèle anglo-saxon le préconise désormais, révèle en revanche une vision étonnamment restrictive de la nature humaine. En France, cela se heurte à la vieille tradition de neutralité dans le traitement des personnes issue de la Révolution. Une tradition qui explique notamment la grande prudence envers les statistiques ethniques (possibles sur le papier dans un cadre très surveillé, mais en pratique extrêmement rares au sein des entreprises). À l'occasion de sa première semaine « de l'inclusion et de la diversité », instaurée l'année du vote du mariage pour tous, en 2013, BNP Paribas a eu l'occasion de mesurer ce particularisme hexagonal. Pour lancer ce premier rendez-vous, la direction de la diversité de la banque avait, il est vrai, tapé fort, en programmant une conférence intitulée : « L'orientation sexuelle : une question d'opportunité business », confiée à un consultant de la société LGBT Capital. Face à une levée de boucliers en interne, la conférence fut rapatriée sur le terrain de l'éthique et rebaptisée : « Diversité LGBT : respecter toutes les diversités ». Ce changement de titre ne suffit pas à enthousiasmer les foules. Lors d'une table ronde en janvier 2016[15], Bruce Hedgcock, porte-parole du réseau BNP Paribas Pride

France, lequel rassemble des collaborateurs LGBT et leurs « alliés », expliquait que les commentaires laissés sur le réseau intranet de l'entreprise à côté de la présentation de la conférence avaient été si critiques que la banque avait décidé de fermer ce canal interne d'expression. Alors que l'association BNP Paribas Pride voulait œuvrer afin de « permettre à tous les salariés de se sentir bien au bureau, en étant tout simplement eux-mêmes », selon les mots de Bruce Hedgcock, les collaborateurs hostiles dénonçaient une politisation des ressources humaines.

Le mouvement « Black Lives Matter » a ravivé à son tour la vieille confrontation entre les notions de communautarisme et d'universalisme. Prises à partie par des minorités militantes, les entreprises anglo-saxonnes se sont engouffrées sans surprise dans la voie communautariste, mâtinée désormais de racialisme puisque, dépassant largement les objectifs initiaux d'une politique de lutte contre la discrimination ou de promotion des minorités, les plus engagées n'hésitent pas à adapter leurs formations à la couleur de peau de leurs salariés. En Europe, les réactions varient encore selon les secteurs et la culture des dirigeants. Les lignes bougent toutefois rapidement, nourrissant l'inquiétude des collaborateurs hostiles à cette approche communautariste. Il fut ainsi frappant de constater, à l'occasion du travail d'enquête réalisé pour l'écriture de cet essai, la crainte de nombreux salariés – malgré les promesses d'anonymat – d'assumer des convictions contraires à celles véhiculées par leur entreprise et l'air du temps.

L'opprobre, monté en épingle par des collectifs militants, peut en effet être violent.

Un salarié d'Apple, Antonio García Martínez, a ainsi été licencié quelques jours à peine avoir été embauché, en 2021, suite à une pétition signée par un groupe de collègues. Ce spécialiste de la publicité avait commis quatre ans plus tôt un essai critique sur les mœurs de la Silicon Valley, *Chaos Monkey*, enrichi de quelques banalités peu aimables sur les femmes du cru. L'entreprise de confection textile Le Slip français s'est de son côté séparée, début 2020, de deux employés qui s'étaient grimés lors d'une soirée privée, l'un en gorille, l'autre avec une « *blackface* », une caricature de visage noir. Les deux jeunes gens, qui s'étaient filmés, ont diffusé les images sur les réseaux sociaux, provoquant une réaction virulente de militants antiracistes, qui ont demandé – et obtenu – leur licenciement auprès de leur employeur. « Moralement, c'est contraire à nos valeurs », a justifié le patron de l'entreprise, alors même que ces agissements n'avaient aucun lien avec la sphère professionnelle. Ces exemples donnent de l'eau au moulin au dernier ouvrage de la philosophe Monique Canto-Sperber, *Sauver la liberté d'expression*[16], dans lequel elle dénonce la « privatisation de la censure », qui fait primer le militantisme sur l'état de droit. « La principale victime [de cette raréfaction du débat] [ce] sont les valeurs progressistes qui, au lieu d'être discutées, sont devenues des dogmes qu'on ne sera bientôt plus capable de défendre », plaide même la philosophe dans une interview[17]. « Dans une société comme la nôtre [...], on sait bien qu'on n'a pas le droit de tout dire, qu'on ne peut pas parler de tout dans n'importe quelle circonstance, que n'importe qui, enfin, ne peut pas parler de n'importe quoi. [...] les régions où la grille est la plus resserrée, où les cases noires se multiplient, ce sont les régions de la sexualité et celles de la politique », avançait en 1970, dans sa leçon inaugurale au Collège de France, Michel Foucault[18]. Cinquante ans plus tard, le constat a gagné en force. Pour éviter que le malaise d'une majorité silencieuse ruine les gains de performance promis par les prophètes diversitaires, les entreprises doivent veiller à l'évolution de ces cases noires. « Quand Tocqueville écrit : "Dans les siècles d'égalité, les rois font souvent obéir, mais c'est toujours la majorité qui fait croire", il se trompe ou du moins il méconnaît la force des minorités fanatiques », avançait déjà Raymond Aron[19] dans les années 1960.

Chapitre 3

Les nouveaux régulateurs

Diriger le service juridique d'une multinationale exige de nos jours une belle maîtrise technique et un grand calme tant les chausse-trappes sont multiples : droits nationaux, réseaux de règlements et de conventions régionales et internationales, législations à portée extraterritoriale, notamment américaines… Le tout corsé depuis quelques années par le raz-de-marée des droits souples, les fameux *soft laws*, dont la violation n'est certes pas sanctionnée pénalement mais qui peut réduire à néant en quelques heures la réputation d'une entreprise. Pour l'ancien directeur éthique de Thales, Dominique Lamoureux, « dans cet environnement de la "postmodernité" émergent alors de façon irréductible de nouveaux "législateurs" sous la forme de *think tanks* ou de lobbies, pudiquement nommés "représentants d'intérêts", qui s'inscrivent dans des mosaïques complexes d'organisations non gouvernementales (ONG) ou de réseaux d'intérêts, parfois obscurs. De même se développent de nouveaux censeurs (investisseurs, banques, etc.) qui désignent les bons élèves et fixent les critères de respectabilité à travers une multiplicité d'agences de notation et d'indices financiers et extra-financiers ; ces censeurs deviennent ainsi les juges de l'activité commerciale[1]. » Tour d'horizon de ces nouveaux régulateurs, dont l'influence ne cesse de se renforcer.

ONG et activistes aux manettes

Le capitalisme a profondément évolué, s'engageant dans la cité jusqu'à embrasser les combats pour la reconnaissance des identités, qui étaient encore considérés il y a quinze ans comme l'ADN de la gauche américaine. Le patronat, réputé plutôt conservateur, n'a pourtant pas soudainement changé de convictions. Il a évolué à l'image de l'ensemble de la société, de ses clients et de ses actionnaires.

Même les groupes les moins enthousiastes se laissent entraîner, guidés par de puissantes cordes de rappel : les ONG, les activistes militants et les mouvements de jeunesse, qui se sont érigés en arbitres de la moralisation du capitalisme. Depuis vingt ans déjà, les plus grandes ONG comme Amnesty International ou Greenpeace n'hésitent pas à s'inviter aux assemblées générales d'entreprises accusées d'avoir violé les règles internationales sur les questions environnementales ou celles des droits de l'homme, afin d'exprimer leur contestation. Organisées en réseau mondial, ces associations se sont largement professionnalisées ces dernières années. Elles attirent désormais de plus en plus de scientifiques et de jeunes diplômés, qui partagent les mêmes codes que leurs interlocuteurs en entreprise. Dans la plupart des groupes, les représentants des ONG dialoguent ainsi de manière continue avec les membres de direction de la RSE, désormais représentée dans les comités exécutifs des grands groupes.

Amnesty International a ainsi largement contribué à la prise de conscience par les constructeurs automobiles des conditions épouvantables dans lesquelles, en République démocratique du Congo, était extrait le cobalt, une matière première présente dans les batteries lithium-ion. Selon les rapports de l'organisation, de nombreux enfants notamment travaillaient sans protection dans ces mines, alors que le cobalt attaque la peau et provoque des maladies respiratoires. Suite à cette alerte, Renault par exemple s'est engagé dans une démarche d'audit de ses fournisseurs. Dans le secteur financier, c'est l'ONG Les Amis de la Terre qui se trouve à la pointe des revendications. Suite à l'annonce en 2017 de BNP Paribas de ne plus financer les entreprises actives principalement dans le pétrole et le gaz de schiste, l'association a mis la pression sur la Société générale, lui demandant régulièrement des comptes[2]. Cette technique du « premier de la classe » est un classique des ONG qui s'appuient sur le mieux-disant d'un secteur pour exiger que les concurrents s'alignent. Le rôle de ces organisations est devenu si prégnant que le Parlement européen dans sa résolution sur le devoir de vigilance et la responsabilité des entreprises adoptée en avril 2021 souhaite même établir une forme de système de cogestion dans les entreprises « pour qu'à côté des organes de direction les "parties prenantes" – c'est-à-dire non seulement les syndicats, mais aussi les organisations non gouvernementales – aient leur mot à dire sur la stratégie de vigilance de l'entreprise[3] ». Officiellement, les grandes organisations privilégient toujours le dialogue pour arriver à leurs fins. En cas d'échec, certaines n'hésitent toutefois pas à hausser le ton et à assigner les groupes en justice. Ainsi, début 2021, Casino a été poursuivi par onze organisations de défense de l'environnement et des indigènes en raison de sa responsabilité supposée dans la déforestation de l'Amazonie.

Les collectifs militants, stars des réseaux sociaux, pratiquent assidûment de leur côté menaces de boycott, opérations « coup de poing », campagnes de *Name and Shame*, etc., pour parvenir à leurs fins. Le géant Starbucks a subi une telle campagne express en juin 2020, quand a fuité, sur le site Buzzfeed, un mémo interne du groupe demandant aux employés de ne pas porter de signes extérieurs de soutien au mouvement « Black Lives Matter », ceux-ci pouvant être perçus comme clivants par la clientèle. Face à un raz-de-marée d'insultes sur les réseaux sociaux, Starbucks a non seulement revu ses consignes mais aussitôt créé son propre tee-shirt « Black Lives Matter » pour ses employés. Le collectif « Sleeping Giants », fondé par un publicitaire peu après la victoire de Donald Trump, est adepte de ces techniques. Ses activistes visent officiellement à « lutter contre le financement du discours de haine », ce qui revient dans la pratique à tenter de faire taire les voix jugées trop à droite. Aux États-Unis ils se sont d'abord attachés à déstabiliser le site d'information Breitbart News, un média militant de la droite dure, dirigé pendant des années par Steve Bannon. Les activistes ont menacé de boycotter les entreprises qui continuaient à acheter des espaces publicitaires sur ce site. Ce *Name and Shame* a été efficace : en un an, plus d'un millier d'annonceurs auraient arrêté de financer Breitbart News. La branche française des « Sleeping Giants » applique les mêmes méthodes dans l'Hexagone avec, en ligne de mire, les médias les plus conservateurs comme *Valeurs actuelles* ou CNews. Le 10 mai 2021, le compte

Internet du collectif prenait par exemple à partie la filiale française du constructeur automobile allemand Volkswagen en ces termes : « Avec vos spots, vous êtes l'un des principaux financeurs de CNews, qui instille et exploite peur, haine, séparatisme, velléités d'affrontement communautaire... Ne pas s'en préoccuper, ce n'est pas être neutre, c'est soutenir. Que comptez-vous faire pour arrêter ça ? » En novembre 2020, la décision de Decathlon de suspendre ses publicités sur la chaîne n'avait d'ailleurs pas été annoncée par la société mais par les « Sleeping Giants ».

Les entreprises sont extrêmement sensibles à de telles pressions, qu'elles viennent d'ONG ayant pignon sur rue ou de collectifs maîtrisant à la perfection les codes Internet. Les risques liés à la réputation et aux marques apparaissaient en effet en tête du palmarès dans l'enquête mondiale sur les risques établie par le réassureur Aon en 2017. « Le public de l'entreprise n'est plus seulement le cercle de ses actionnaires, il est désormais l'ensemble de ses parties prenantes et *in fine* la communauté mondiale tout entière », relève Félix Torres[4]. Dans ces conditions, selon une étude de la Société générale[5], les polémiques liées aux sujets environnementaux, sociaux ou de gouvernance (ESG) peuvent coûter très cher, et pendant longtemps, en Bourse. Les analystes de la banque ont étudié les performances post-controverse de quatre-vingts sociétés cotées ces quinze dernières années, dont Volkswagen (qui avait triché sur les émissions de gaz polluants de ses véhicules) ou Johnson & Johnson (attaqué sur la qualité de certains produits). Le résultat est saisissant : en moyenne, ces entreprises affichent une performance inférieure aux indices mondiaux pendant deux ans.

Parmi les cauchemars des directions de la RSE, juste derrière la controverse avec une ONG ou des associations militantes, se trouve sans doute le bras de fer avec des collectifs de jeunes. Tous les patrons ou politiques invités ces dernières années par des associations d'étudiants afin de répondre à leurs questions ont pu mesurer à quel point les préoccupations de ces derniers avaient évolué ; les débats tournant en général exclusivement autour de l'écologie dans une ambiance beaucoup moins révérencieuse que ce à quoi les précédentes générations les avaient habitués.

Invitée en 2019 et 2020 à Davos, Greta Thunberg a ainsi été reçue comme une star et écoutée avec les plus grands égards par tous les grands patrons réunis dans la station suisse, alors même que ses propos ne brillaient pas par leur originalité. Il aura fallu beaucoup d'indépendance d'esprit à Bernard Arnault, le patron de LVMH, pour porter un jugement morose sur l'intervention de la jeune Suédoise devant les Nations unies en septembre 2019. Celle-ci « se livre à un catastrophisme absolu sur l'évolution du monde, et [...] cela a un côté démoralisateur pour les jeunes, elle ne propose rien, sinon de critiquer », avait avancé le champion du luxe. Dans un registre moins médiatique que Greta Thunberg, en France, a émergé en 2018 le collectif « Pour un réveil écologique », auteur d'un manifeste, signé par plus de 32 000 étudiants, dont beaucoup issus des grandes écoles, qui exhorte les entreprises à mettre au cœur de leur modèle la transition vers un modèle économique durable. Le collectif a notamment publié, en mars 2021, une étude sur les engagements écologiques de la grande distribution, très sévère pour le secteur.

Les recommandations de l'ONU comme grammaire commune

Les injonctions des différents droits qu'une multinationale est censée respecter sont parfois si contradictoires que les bataillons des directions juridiques passent une bonne partie de leur temps à prioriser ces normes afin de déterminer sur quelles règles elles vont choisir de s'asseoir. Dans ce brouillard, les grandes entreprises peuvent, pour le volet RSE du moins, s'appuyer sur une boussole, les dix-sept objectifs de développement durable (ODD) édictés par l'ONU en 2017 et adoptés en marge du « programme 2030 pour le développement durable ». En quelques années, ces règles de bon sens, issues de négociations impliquant les collectivités territoriales, la société civile et le secteur privé, se sont imposées comme de véritables standards internationaux. Elles sont les héritières de toute une lignée d'initiatives institutionnelles, la première d'entre elles, les « principes directeurs de l'OCDE à l'égard des entreprises multinationales », datant du milieu des années 1970. Avant les ODD, les huit objectifs du millénaire pour le développement (OMD) en 2000 se concentraient sur des enjeux humanitaires à l'horizon 2015.

Depuis quatre ans, le droit souple international en matière de RSE s'est donc structuré autour des dix-sept chapitres de ces objectifs, qui égrènent, tel un inventaire à la Prévert, les grands rêves de notre époque : lutte contre la pauvreté, lutte contre la faim, accès à la santé, à une éducation de qualité, à l'eau salubre et à l'assainissement, à des emplois décents, à une infrastructure résiliente, à des villes et communautés durables, recours aux énergies renouvelables, promotion d'une industrialisation durable qui profite à tous, encouragement de l'innovation, réduction des inégalités, égalité entre les sexes, consommation et production responsables, lutte contre le changement climatique, protection de la vie aquatique et terrestre, justice et paix… Ces grands titres se décomposent en 169 cibles, qui formalisent une ambition de développement durable à l'horizon 2030, 232 indicateurs permettant le suivi des objectifs au niveau mondial. Selon une enquête de février 2021 du cabinet PWC, 72 %

des entreprises mentionnent les ODD dans leurs documents publics. Ainsi, sans craindre la répétition, la nouvelle « raison d'être » du groupe Veolia s'intitule « Contribuer au progrès humain, en s'inscrivant résolument dans les objectifs de développement durable définis par l'ONU, afin de parvenir à un avenir meilleur et plus durable pour tous ». Le respect d'un certain nombre d'ODD devient un critère de qualification pour bénéficier des financements des fonds durables ou rejoindre des associations engagées. Pour intégrer par exemple « Tech for Good France », qui regroupe les entreprises du numérique mobilisées pour le « bien commun », les candidats doivent répondre à au moins deux des dix-sept critères des ODD de l'ONU. Les ODD tendent aussi à devenir la matrice des fonds à impact, qui cherchent à aligner leurs choix d'investissement avec la grille de l'ONU. En 2020, BlackRock a ainsi annoncé le lancement de BlackRock Global Impact Fund, dont la stratégie se traduit par des investissements dans des entreprises contribuant à la réalisation des ODD.

Les ODD pâtissent toutefois d'une faille structurelle. Pensés à l'origine comme une démarche universelle et transversale, qui devrait concerner tous les pays, du Nord au Sud, ils restent en réalité largement ignorés dans une bonne partie de la planète. Ils ne sont, à vrai dire, pris au pied de la lettre qu'au sein des démocraties libérales. Dans son ouvrage, *Le Contrat mondial*[6], l'entrepreneur Denis Payre démontre ainsi à quel point la Chine, malgré ses promesses d'harmonisation vers les standards occidentaux, et le lancement d'un plan national de mise en œuvre des ODD dès 2016, continue de s'asseoir largement sur les droits sociaux et environnementaux les plus basiques. Une partie des salariés du pays continuent de vivre dans une profonde pauvreté. Selon le Japan External Trade Organization (Jetro), le salaire moyen d'un ouvrier d'usine en Chine s'élevait ainsi à 417 euros par mois en 2018. D'après une étude du magazine *The Diplomat*[7], 20 % des salariés chinois les moins bien payés gagneraient même moins de 100 dollars par mois. Les ouvriers ne peuvent par ailleurs s'appuyer sur aucune protection syndicale digne de ce nom. Côté environnement également, Pékin s'embarrasse peu des standards occidentaux, si on se fie par exemple au rythme frénétique auquel les centrales de charbon poussent dans le pays, ou des conditions d'extraction des terres rares.

Le nouvel écosystème des agences de notation, cabinets de conseil spécialisés…

Atteindre la félicité des ODD exige persévérance et organisation. Pour aider les entreprises à transiter ainsi vers le bien, tout un ecosystème de conseils, agences… s'est rapidement constitué. Les agences de notation extra-financières ont d'abord joué un rôle structurel dans le développement de la finance éthique. Apparues à la fin des années 1990, d'abord en Europe, et particulièrement en France, afin de mesurer la réalité des engagements durables des entreprises, les agences ont peu à peu gagné de l'influence jusqu'à devenir un élément essentiel de la notation d'une entreprise. « Dans les premières années, tous les grands groupes se sont dotés de directeurs RSE ou développement durable en partie pour répondre aux questions des agences de notation comme Vigeo Eiris. Au départ, beaucoup d'entreprises accueillaient avec réticence nos demandes, synonymes de travail supplémentaire, et donc de surcoûts. Il y a quinze ans, au sein des grandes institutions, les postes de responsables du développement durable étaient d'ailleurs peu valorisés. Les directions traditionnelles (finance, marketing…) n'avaient pas beaucoup de considération pour ces nouveaux sujets et s'y investissaient a minima », se rappelle ainsi Nicole Notat[8], fondatrice, en 2002 de Vigeo. La donne a bien changé. Revers de la médaille de leur succès, le marché des agences extra-financières s'est très fortement concentré en quelques années. En 2019 Moody's a acquis Vigeo Eiris alors que S&P avait mis la main en 2016 sur Trucost. L'agence américaine ISS a de son côté racheté Europe Ethix en 2015, South Pole en 2016 et Oekom en 2018. Cette vague d'acquisitions américaines a mis un terme à l'avance, voire peut-être à l'indépendance, européenne sur ce sujet essentiel.

Les agences de notation mesurent grâce à des grilles de critères rigoureux l'engagement environnemental et social et la bonne gouvernance des entreprises. Aux États-Unis, où les classements ethniques sont couramment utilisés, des ratios de diversité sont également intégrés à ces critères. À partir de là, tout un improbable business de la diversité a émergé en quelques années autour de coachs et cabinets de conseil en « *Diversity, Equity and Inclusion* » (DEI). L'Europe suit, bien sûr. Entre autres classements, une banque helvétique, le Crédit suisse, a ainsi lancé en décembre 2020 un rapport « LGBT 350 », rebaptisé « LGBT 400 » en l'honneur du mois des fiertés de juin 2021, afin d'évaluer les entreprises qui offrent la « meilleure inclusion sur le lieu de travail ». « Considérant que 5 à 10 % de la population est LGBT+ et que les consommateurs LGBT+ ont des habitudes de consommation similaires à celles des consommateurs non LGBT+, le pouvoir d'achat des LGBT+ représente environ 2 700 à 5 600 milliards de dollars du G20. En d'autres termes, si la communauté LGBT+ était une économie, elle serait la troisième ou quatrième au monde », avance la banque dans son communiqué présentant le nouvel indice, sans se poser une seconde la question de la pertinence d'une telle essentialisation des personnes.

D'innombrables sociétés de conseil « spécialisées dans la mise en œuvre des politiques de diversité » ont aussi vu le jour en France. Elles prospèrent sur la loi du 27 janvier 2017 relative à l'égalité et à la citoyenneté, qui impose aux entreprises d'au moins 300 salariés, et à celles qui sont spécialisées dans le recrutement, de former à la non-discrimination à l'embauche tous les salariés chargés de recrutement au moins une fois tous les cinq ans. Sur le volet de la lutte contre les violences sexuelles, la militante féministe, Caroline De Haas, rencontre ainsi un beau succès avec son entreprise, Egae, qui dispense des formations au sein des administrations et chez les opérateurs privés. Malgré une méthode contestée et quelques sérieux ratés comme l'affaire du professeur de violoncelle Jérôme Pernoo, menacé de licenciement sans preuve, l'a encore démontré, toutes les administrations gravitant autour de Matignon ont notamment bénéficié de sa bonne parole. Le modèle de l'incendiaire pompier fait d'ailleurs des émules dans ce monde militant foisonnant (sur le réseau professionnel LinkedIn, près de 200 000 personnes se présentent comme activistes) ! Les entreprises attaquées en raison d'un supposé manque de respect vis-à-vis d'une minorité, de l'environnement, ou encore du bien-être animal, ont régulièrement la surprise de voir l'association à l'origine de la polémique leur proposer ingénument, contre finances, une solution clé en main pour éteindre la contestation.

De manière générale, la planète diversité embauche. Les *sensitivity readers*, chargés de détecter dans un manuscrit aussi bien qu'un rapport annuel d'entreprise ou tout support de communication d'éventuels propos sexistes, racistes ou homophobes, ont déjà conquis les États-Unis et arrivent en Europe. Le métier se décline encore dans la mode et les cosmétiques. De savants experts vérifient que les collections ou les lignes de maquillage n'ont pas péché par récupération culturelle. Même l'écriture inclusive paie : l'agence de communication éditoriale « Mots-Clés » propose de son côté, tant aux salariés d'entreprises privées qu'aux personnels de l'administration publique, des formations pour écrire en parfait inclusif afin de promouvoir « l'égalité femmes-hommes ».

Chapitre 4

Une longue histoire

L'engagement des entreprises dans la vie de la cité est vieux comme le commerce. Au Moyen Âge, la sphère productive tournait exclusivement autour de l'intérêt du seigneur ou du roi. Elle va peu à peu, au fil des siècles et des premiers pas du capitalisme, prendre son autonomie, tout en maintenant un lien fort à la puissance politique. Au XVIIe siècle, la Compagnie des Indes orientales dispose ainsi, par autorisation royale, de sa propre armée. Au XIXe siècle, alors que les lois sociales restent balbutiantes, les patrons paternalistes s'estiment responsables de la paix sociale sur leur territoire et des conditions de vie de leurs ouvriers et de leur famille. Le capitalisme se stabilise ensuite à la sortie de la Seconde Guerre mondiale autour d'un compromis social-démocrate fondé, selon Michel Rocard[1], sur trois régulateurs : « Le premier, c'est la sécurité sociale. L'Anglais Beveridge a théorisé qu'en faisant des retraites, de l'assurance chômage, de l'assurance maladie, des prestations familiales, on contribuait à stabiliser le système. Le deuxième régulateur, c'est celui de Keynes : au lieu de gérer les budgets et la monnaie sur la base de comptes nationaux, il faut les utiliser pour amortir les chocs extérieurs. Cette idée explique l'absence de crise pendant les trente années qui suivent [la grande crise de 1929, NDA]. Le troisième régulateur, le plus ancien, c'est celui de Henry Ford, et il tient en une phrase : "Je paie mes salariés pour qu'ils achètent mes voitures." » L'entreprise s'est ainsi toujours assumée comme institution éminemment politique, à l'exception notoire des quelques décennies d'expérience libérale à la fin du XXe siècle. Le nouvel engagement du capitalisme pour le bien commun ne signe toutefois pas un retour aux temps anciens ; pour la première fois, l'agenda politique des grandes corporations, beaucoup plus puissantes qu'autrefois, n'est plus dicté par aucune puissance publique.

Les premières entreprises

L'idée que les entreprises œuvrent pour la vie de la cité est aussi vieille que la notion de personne morale. Les premières organisations professionnelles, telle la corporation des maraîchers à Rome, apparaissent au XIe siècle. Le commerce devient alors une profession et les corporations s'affranchissent de l'autorité épiscopale *via* une charte de franchise. À côté de l'Église et des seigneurs, elles tiennent un rôle particulier dans les bourgs. Corporations et guildes assurent la prospérité économique des villes, en protégeant le commerce et en assurant la formation des nouvelles générations, tout en œuvrant pour l'emploi, le logement, les services médicaux et éducatifs. Elles protègent les plus pauvres, souvent d'ailleurs enterrés aux frais du groupe. À Florence, c'est même la riche corporation de la laine qui finança la construction de la coupole de la cathédrale.

Au tout début du XVIIe siècle apparaissent les premières véritables entreprises en Europe, étroitement liées aux intérêts de l'État, telles la Compagnie britannique des

Indes orientales – *East India Company* – en 1600 et la Compagnie néerlandaise des Indes orientales – *Vereenigde Oostindische Compagnie* – en 1602. La Compagnie française des Indes orientales, fondée par la déclaration royale du 27 août 1664, dispose de privilèges dignes d'un État souverain : monopole du commerce avec l'Orient, droit de propriété des terres occupées, droit de justice souveraine, droit de battre monnaie, d'établir des garnisons, d'armer des navires de guerre et de commerce, etc. La Manufacture royale des glaces et des miroirs est, elle, créée en 1665. En France, Colbert soutient que le développement économique est un enjeu essentiel pour la puissance de l'État. « Ce qu'a compris Colbert, c'est qu'il fallait importer les meilleures technologies existantes partout dans le monde, importer les matières premières partout dans le monde, pour les transformer et réaliser sur le territoire national des avancées très importantes dans les biens de luxe, dans le textile, les constructions navales… Colbert est à mon avis l'un des premiers à illustrer la théorie de l'économie nationale c'est-à-dire comment on bâtit une stratégie du rattrapage, comment on établit l'économie au service d'une politique », avance l'économiste Élie Cohen[2]. Cent ans plus tard, le contrôleur des finances de Louis XVI, Charles-Alexandre de Calonne, tente de mobiliser les capitaux privés du royaume pour favoriser les premiers pas de la révolution industrielle. Il incite l'aristocratie à investir dans les industries du futur. Lui-même achète la manufacture de Blendecques, fabriquant du fer-blanc laminé. Pour 600 000 livres, soit un douzième du capital, Louis XVI devient le principal actionnaire de la société des fonderies du Creusot, plus importants hauts-fourneaux de l'époque.

« Dès la fin de la période féodale, la nécessité de mobiliser des capitaux privés pour porter des projets servant les intérêts de la couronne – les compagnies de commerce oriental et les entreprises coloniales par exemple ou plus tard la construction de canaux, de ponts et de routes – a conduit le souverain à accorder le droit de constituer les premières sociétés par actions : en contrepartie d'investissements lourds et de risques avérés, le contrat de société stipulait un certain nombre de privilèges – monopole, personnalité juridique, perpétuité et souvent responsabilité limitée pour les actionnaires », résument dans leur rapport sur l'entreprise et le bien commun Nicole Notat et Jean-Dominique Senard[3]. Partout, cet équilibre est respecté : aucune corporation commerciale ne peut être créée sans l'autorisation d'un acte du Parlement ou d'une charte royale. Cette logique va perdurer : dans les premières années qui suivent la création des régimes juridiques modernes – en France, la société anonyme (SA) par actions en 1807 –, le statut est accordé au compte-gouttes aux seules entreprises capables de démontrer la solidité de leur mission d'intérêt public : exploitation des richesses des colonies, construction de nouvelles infrastructures comme les chemins de fer... À l'époque, il paraît invraisemblable qu'une société puisse poursuivre un intérêt strictement privé.

Au XIXe siècle : la responsabilité paternaliste

Le statut juridique de la société anonyme va ensuite, au fil des années, s'élargir, et les contrôles se montrer moins tatillons. Afin de soutenir le développement de l'économie, la puissance publique lâche peu à peu la bride aux entrepreneurs, qui brûlent toujours plus de capitaux pour financer les innovations au cœur de la révolution industrielle. Pour répondre à cette nécessité et libérer ainsi les capitaux privés, l'État modifie la définition de l'entreprise en introduisant la notion de responsabilité limitée de l'actionnaire. Est d'abord créée en Allemagne, en 1892, la *Gesellschaft mit beschränkter Haftung* (GmbH) – en français, société à responsabilité limitée –, suivie en France par la société à responsabilité limitée (SARL) en 1925. Ces statuts limitent la responsabilité économique et financière de l'actionnaire au montant de ses apports. L'actionnariat, et avec lui les marchés financiers, se développe à partir de là comme une traînée de poudre. Les Français se passionnent pour la Bourse. Ils en maîtrisent d'ailleurs bien mieux les ficelles qu'aujourd'hui. Dans *Bel-Ami* de Maupassant, pour retenir son amant, Virginie Walter sort son joker : elle lui livre les ficelles d'un coup boursier que prépare son mari. Paris bruisse alors de ce type d'opérations politico-financières. À la fin du XIXe siècle, sont éditées plus de cent publications dédiées à l'économie et à la Bourse. Parmi les titres, des

« généralistes » comme *Les Annales de la Bourse*, *Le Journal des finances* ou encore *L'Écho de l'industrie française*. Mais aussi beaucoup de journaux ultra-spécialisés. Paris s'affiche alors fièrement comme la première place financière mondiale et n'a rien à envier à Londres ou à New York. Les Français suivent pour s'enrichir, bien sûr, mais aussi par intérêt pour les immenses projets à financer : développement du chemin de fer, des grandes compagnies de navigation, de l'exploration coloniale… Cet intérêt va se briser sur une série de scandales de corruption, qui touchent jusqu'au sommet de l'État. En 1889, le scandale de Panama, avec la mise en liquidation de la Compagnie universelle du canal transocéanique, ruine ainsi 85 000 petits porteurs et manque d'emporter la IIIe République.

Loin de ces scandales politico-financiers, émerge en parallèle au XIXe siècle une figure centrale du capitalisme, celle du patron paternaliste, ancré sur ses terres, qui se veut responsable en personne du bien-être de ses ouvriers. Cette figure offre, un temps, une forme d'aménagement à la tension latente entre la logique démocratique et celle de la grande entreprise industrielle. « Les patrons de tradition chrétienne concevaient l'entreprise qui portait souvent leur patronyme – Krupp, Wendel, Schneider, Michelin – comme une grande famille où régnait l'autorité du chef de famille entrepreneur et où les travailleurs, souvent recrutés de père en fils ou gendre, étaient pris en charge avec leurs familles de la naissance à la mort », expliquent Dominique et Alain Schnapper[4]. Au début du XXe siècle, dans la sidérurgie à Longwy, près de la moitié des bénéfices étaient ainsi reversés dans les œuvres sociales de l'entreprise. Fréquemment élus députés ou sénateurs, ces patrons sont en parallèle implicitement chargés par l'État de faire régner l'ordre social, grâce aux moyens de leur société, dans leur circonscription. Par exemple dans le département des Vosges, durant la IIIe République, au moins 20 députés ou sénateurs, sur 58 parlementaires[5], soit 35 % des effectifs, étaient des industriels. François de Wendel (1874-1949), député (1914-1933) puis sénateur (1933-1941) de Meurthe-et-Moselle, est une des figures les plus emblématiques de ce mouvement. Gérant de la société des « Petits-fils de François de Wendel et Cie » de 1903 à sa mort, il est aussi président du Comité des forges de France de 1918 jusqu'à sa dissolution par le régime de Vichy en 1940. Les industriels entrent encore en politique au niveau local, comme maire ou conseiller municipal, afin de défendre leur vision de l'aménagement du territoire autour de leur usine : construction de cités ouvrières, de bâtiments de service, de commerces…

Sur le papier, cette concentration des pouvoirs heurte de front le principe d'égalité démocratique. Elle jouit toutefois d'une véritable popularité, car le paternalisme vient répondre au défi du paupérisme et à la dureté du taylorisme. Subsistance, logement, éducation, culture, santé, retraite… l'entreprise veille à tout. Parmi les premières entreprises à verser des allocations familiales à l'ensemble de ses salariés, Michelin est réputée pour son attention aux femmes enceintes : le groupe leur propose des consultations médicales spécifiques, des tâches adaptées, mais aussi des primes de couches et même un nécessaire d'accouchement ! Après la naissance d'un enfant, à partir de 1922, les ouvrières de Clermont peuvent bénéficier d'un service de garderie. Les enfants sont habillés de barboteuses maison ; roses pour les filles, bleues pour les garçons. Les jeunes mères reçoivent un manuel de conseils édité par le groupe, et préfacé par Édouard Michelin. « Ma fille vient d'appliquer les méthodes décrites dans cette brochure [...] je n'ai jamais vu petite fille plus souriante », confie l'heureux grand-père à ses ouvrières. Au Creusot, la « plus grande usine d'Europe », selon *Le Tour de la France par deux enfants*[6], la société Schneider frères et Cie veille aussi avec grand soin à la vie des familles. L'usine fabrique depuis 1837 des fers et des tôles indispensables au développement des chemins de fer. Son essor est impressionnant : 2 700 ouvriers à ses débuts, 23 000 trente ans plus tard. Pour loger son monde, le patron fait construire des lotissements de maisons individuelles. Il suscite des coopératives et incite les ouvriers à retrouver leur domicile à chaque repas et à vivre sur leur jardin. Les enfants sont scolarisés dans les écoles Schneider et, pour « garantir leur bonne éducation », le groupe cherche à limiter l'embauche des mères[7].

Malgré quelques soubresauts – au Creusot en 1848, au moment de la révolution, un club républicain est formé, fer de lance ensuite d'un mouvement de grève –, la grande majorité des ouvriers semblent avoir adhéré au paternalisme. La comparaison avec les autres organisations en vigueur à l'époque est en effet flatteuse. Ce sont d'ailleurs les conditions de travail épouvantables pratiquées dans certaines usines qui vont susciter l'apparition d'un puissant arbitre entre les entrepreneurs et la puissance publique : les organisations syndicales. À partir de la législation sur les accidents du travail, les syndicats obtiendront année après année l'adoption de nombreuses lois, qui viennent contrebalancer la limitation par la loi de la responsabilité des entrepreneurs privés. Ces textes fondent le socle de l'État social jusqu'à provoquer la disparition, à la Libération, du modèle paternaliste. La création de l'État providence par la puissance publique revient *de facto* à nationaliser une grande partie des missions jusque-là assurées par les patrons sociaux. Un épisode d'ailleurs souvent très mal vécu par ces derniers.

Le modèle libéral et ses limites

La création de l'État providence en Europe à la sortie de la guerre tend à niveler les différentes cultures d'entreprise, les employeurs n'ayant plus les mains libres en matière de protection sociale. La puissance publique, obnubilée par les conséquences désastreuses de la crise financière de 1929, ne renvoie pas pour autant les opérateurs privés à leur quête de profit. Elle va tenter, dans les années d'après-guerre, de rebâtir un modus vivendi entre les corporations et l'État. Le premier défi des régulateurs est de répondre sur le papier au changement d'échelle des multinationales, capables en raison de leur puissance économique de causer des dommages irréversibles à la société, mais dont la responsabilité est désormais limitée par leurs statuts juridiques. En raison de ce déséquilibre, ces statuts ont d'ailleurs été qualifiés de « monstres juridiques » par le juriste Georges Ripert[8]. Pour tenter de reprendre la main, les États explorent tous des voies différentes : aux États-Unis, les entreprises sont fragmentées ; Berlin introduit un système de cogestion ; la France nationalise. L'introduction de l'État providence participe de la même logique. Selon Karl Polanyi[9], il traduit une volonté de réencastrement de l'économie dans les relations sociales, après une période

– dans les années 1920 – où l'affirmation du libéralisme et de l'économie de marché aurait provoqué une nette séparation entre, d'une part, l'économie et, d'autre part, la société et les systèmes de valeurs issus de la sphère culturelle (religion, honneur…).

Le haut fonctionnaire gaulliste François Bloch-Lainé distingue ainsi les « fins [de l'entreprise] qui lui sont personnelles » des « fins qui concernent les collectivités ». Parmi ces dernières, « il y a de tout, de la satisfaction du consommateur à la grandeur de la nation »[10]. Mais, selon l'emblématique patron de la Caisse des dépôts, il serait bien difficile de demander au patronat de se soucier de collectif car celui-ci craint tout de suite que l'on y transpose « les vices de la société politique, du fait des travers de la démocratie. Par exemple, préférer l'égalité à l'efficacité ; les satisfactions immédiates aux précautions pour l'avenir ; la défense des habitudes à la hardiesse dans l'innovation ». En Allemagne de l'Ouest, à la même époque, l'État explore la voie de l'économie sociale de marché, à partir des recommandations des pères de l'ordolibéralisme, Alexander Rüstow et Franz Böhm. Après avoir analysé les erreurs de la politique de Weimar, ces derniers soutiennent la vision d'un libéralisme encadré par une forte intervention politique afin de bâtir un cadre économique concurrentiel.

Les économistes ordolibéraux revendiquent pour la première fois leur spécificité en 1938 lors du colloque Walter Lippmann, à Paris. L'événement rassemble vingt-six économistes et intellectuels libéraux, dont Alexander Rüstow, Wilhelm Röpke, Ludwig von Mises, Raymond Aron, Jacques Rueff ou encore Friedrich Hayek. Les participants partagent une même horreur du totalitarisme, alors en progression partout dans le monde, mais n'interprètent pas de la même manière les échecs passés du libéralisme. Pour simplifier, deux grandes tendances émergent de ce colloque. Un premier groupe, dont font partie les ordolibéraux allemands mais aussi la majorité des Français, défend la vision d'un libéralisme s'appuyant sur l'État pour assurer le bon fonctionnement du marché. Autour de Hayek se rassemblent en revanche ceux qui, fidèles au libéralisme classique, estiment que la crise de 1929 a été provoquée par l'intervention de l'État. À partir des années 1960, l'Américain Milton Friedman (1912-2006) devient la figure dominante de ce mouvement, qualifié de néoclassique. Il va profondément influencer l'évolution du capitalisme, d'abord aux États-Unis puis par ricochet en Europe, en ramenant l'actionnaire au centre de la définition de l'entreprise. « Il y a une et une seule responsabilité des affaires – utiliser ses ressources financières et engager des activités désignées à accroître ses profits », affirmera Friedman.

En défendant haut et fort les droits des actionnaires, il réagit aux déséquilibres qu'il a pu observer durant l'entre-deux-guerres. À cette époque, les actionnaires des entreprises commencent à recruter des managers professionnels, dissociant ainsi pour la première fois la gestion de l'entreprise de la propriété du capital. Un divorce qui va provoquer d'inévitables abus de pouvoir par les nouveaux managers tout-puissants. D'où la sévère affirmation du prix Nobel : « Ceux qui croient agir en fonction de l'intérêt général sont en réalité conduits à favoriser des intérêts particuliers qui ne font pas partie de leurs intentions[11]. » Sur le plan politique, l'économiste est convaincu de la capacité des marchés à s'autoréguler et plaide donc pour la dérégulation. La fin du système de Bretton Woods de « changes fixes » entre les devises, en 1971, va dans ce sens. L'abandon de l'étalon-or provoque une explosion du marché des changes, mais aussi de la spéculation, face à laquelle les États se révèlent nettement impuissants. Ce mouvement de dérégulation nourrit le développement de la sphère financière et ainsi la rapide financiarisation du capitalisme. Les directions des entreprises sont incitées, par leur système de rémunération, à maximiser à court terme la valeur qui revient à leurs actionnaires, sans nul souci de l'intérêt des salariés, de l'environnement, des collectivités locales. Cette vision à court terme est encore renforcée par l'adoption au début des années 2000 de normes comptables harmonisées, les IAS/IFRS, largement inspirés des pratiques anglo-saxonnes. « Avec la norme de "juste valeur" impliquant la valorisation des actifs et passifs à leur valeur de marché, l'entreprise n'est plus tant un lieu de production de biens et de services qu'un éventuel objet de cession », soulignent dans leur rapport de 2018 Nicole Notat et Jean-Dominique Senard.

Le modèle néoclassique anglo-saxon démontre rapidement ses limites. En effet, la pression à la maximisation des profits, conjuguée à la libéralisation des échanges commerciaux à partir des années 1980, provoque aux États-Unis comme en Europe une vague massive de délocalisation de la production industrielle. Dans la foulée des accords internationaux de libre-échange, la France perd, entre 1980 et 2010, 2 millions d'emplois industriels. Aux États-Unis, l'industrie représentait un quart du PIB en 1970, et deux fois moins, cinquante ans plus tard. L'Occident n'a toujours pas fini de payer les conséquences sociales et démocratiques – si on se fie à la virulence des votes contestataires – du sabordage de son industrie. Plusieurs scandales financiers comme celui du courtier en énergie Enron aux États-Unis, en 2001, ou du distributeur de produits laitiers italien Parmalat, en 2003, fragilisent un peu plus les thèses du laisser-faire, avant que la crise financière de 2008 mette en lumière les travaux, jusqu'alors confidentiels, des intellectuels défendant un alignement de l'entreprise sur l'intérêt général. Ces réflexions autour du rôle de l'entreprise dans la cité vont peu à peu irriguer toutes les sphères du pouvoir, s'institutionnalisant au point de figurer depuis quinze ans, année après année, à l'agenda du Forum de Davos. En un peu plus d'une décennie s'est ainsi imposée l'idée que les entreprises, bien plus que les États, détiennent les clés d'une vie durable sur terre. Et le principe responsabilité du philosophe allemand Hans Jonas[12] – « Agis de façon que les effets de ton action soient compatibles avec la permanence d'une vie authentiquement humaine sur terre » – devient peu à peu un mantra du nouveau capitalisme.

Chapitre 5

L'État bousculé

Trois grands chocs ont permis, au sein des démocraties occidentales, le retour des entreprises au cœur des questions d'intérêt général. La fin de l'idéologie communiste a rationalisé les regards sur la propriété privée des moyens de production, la crise de 2008, mis à nu les limites du capitalisme financier, et l'urgence écologique, créé les conditions d'une prise de conscience du rôle essentiel des grandes entreprises. Il ne s'agit pas d'un simple retour en arrière après la parenthèse de libéralisme. Infiniment plus puissants qu'autrefois grâce à la révolution numérique, les grands groupes se retrouvent en position de force face à des États affaiblis qui, faute de moyens, leur cèdent peu à peu des pans entiers de leurs missions régaliennes – justice, protection sociale, sécurité, lutte contre la fraude… – tout en cherchant à tout prix à garder une forme de contrôle. Officiellement, nous vivons toujours dans le cadre bien huilé d'un État souverain piloté par un gouvernement représentatif, mais depuis des décennies le dispositif ne cesse de se déliter. À la faveur de la crise sanitaire, l'État est toutefois revenu sur le devant de la scène, subventionnant massivement l'économie. Il tente depuis, vaille que vaille, de conserver cette place.

La réaction de la puissance publique

Les gouvernements démocratiques ont conscience de la faiblesse de leurs moyens et de leur dépendance vis-à-vis du privé pour s'attaquer aux grands défis contemporains. Les États sont incapables, en premier lieu, de résoudre la question du climat. « Le financement public ne sera jamais suffisant, les États ne seront pas en mesure de contribuer à la hauteur pour résoudre les problèmes du monde », assurait ainsi Satya Tripathi, le chef du bureau du Programme des Nations unies pour l'environnement en 2019. Selon le « New Energy Outlook 2021 », publié par Bloomberg NEF, bureau d'analyse et de prospective international, 92 000 à 173 000 milliards de dollars d'investissements seraient nécessaires pour tenir le cap du zéro émission nette de dioxyde de carbone (CO_2) en 2050. Cette estimation rejoint les calculs des analystes de Bank of America selon qui les besoins en capitaux pour décarboner l'économie d'ici à 2050 s'élèveraient à 5 000 milliards de dollars tous les ans pendant trente ans, soit un quart des ressources fiscales mondiales annuelles. Autrement dit, s'il leur fallait prendre en charge cette transition, les États devraient renoncer à financer une bonne partie de leurs autres missions régaliennes.

À défaut d'avoir souhaité ce mouvement de partage des responsabilités, les gouvernements tentent, avec plus ou moins de doigté, de l'organiser. Cela se vérifie particulièrement dans l'Hexagone en raison du fond de culture jacobin de la puissance publique, de l'étonnante mais toujours vérifiée propension des citoyens à se tourner vers l'État pour donner les gages de la conduite vertueuse des entreprises, mais aussi de la tradition juridique française romano-civiliste. Une tradition qui « fait du droit une sorte de cadre et de miroir des mutations de la société[1] » quand, à l'opposé, la jurisprudence constitue la source principale du droit dans les pays anglo-saxons. La loi régit ainsi depuis le XIXe siècle les liens entre la puissance publique et les opérateurs privés. Le droit se charge d'abord de réparer les défaillances de marché, mais aussi depuis quelques décennies d'encadrer un transfert progressif de certaines missions d'intérêt général vers le privé. Dès 1954, avec l'instauration de la TVA, l'État français, imité ensuite par tous ses pairs, entame ce mouvement de « défausse » sur les entreprises[2] : il leur demande de prélever un impôt et de le retransférer au fisc. La tendance n'a depuis cessé de gagner de l'ampleur, sur le terrain fiscal, avec le prélèvement à la source, mais aussi dans les domaines de la lutte antiterroriste, contre la corruption, pour l'égalité hommes/femmes, l'insertion des personnes éloignées de l'emploi…

Depuis le quinquennat de François Hollande, le mouvement s'est accéléré avec une avalanche de lois tentant d'encadrer le virage des entreprises vers le bien. Trois textes symbolisent particulièrement ce tournant : la loi Sapin 2, la loi sur le devoir de vigilance et la loi Pacte. La loi Sapin 2 de décembre 2016 traite de la transparence et de la lutte contre la corruption. Elle a notamment introduit une disposition extraterritoriale qui élargit les poursuites contre les entreprises en matière de corruption et de trafic d'influence à l'étranger. La loi relative au devoir de vigilance des sociétés mères et des entreprises donneuses d'ordre de mars 2017 demande de son côté aux grands groupes d'établir et publier un plan de vigilance pour prévenir les risques en matière d'environnement et de « droits humains », large concept s'il en est. Avec la loi Pacte de mai 2019, Paris a enfin consacré dans le Code civil les notions d'« intérêt social » et d'« enjeux sociaux et environnementaux », en disposant que l'activité des entreprises doit tenir compte de ces critères. Tête de pont sur ces sujets, Paris fait des émules. La loi relative au devoir de vigilance a par exemple largement été copiée par nos voisins.

Ce texte, inspiré au départ par des ONG, est venu répondre au drame de l'effondrement de l'immeuble du Rana Plaza au Bangladesh en 2013, qui avait causé la mort de plus de mille ouvrières travaillant pour des fournisseurs des grands groupes textiles internationaux. Les Pays-Bas et l'Allemagne ont adopté des lois similaires et le Parlement européen, une résolution en mars 2021. Chaque fois, est reprise l'idée que les grands groupes doivent répondre non seulement de leurs activités, mais aussi de celles de leurs filiales et de leurs sous-traitants et fournisseurs, dans leur pays d'origine comme à l'étranger. De même que Napoléon apportait, il y a plus de deux siècles, les idéaux de la Révolution française au monde par la guerre, ce sont désormais les multinationales qui sont priées de partir en mission. « Les néolibéraux pensent que le monde peut se moderniser à travers la propagation de “normes globales”. Le fait que le secrétaire d'État Antony Blinken ait donné l'ordre aux ambassades, à travers le monde, de faire flotter le drapeau de la Gay Pride est la preuve qu'un néolibéralisme naïf est toujours en vigueur sous Biden[3] », juge le professeur de théorie politique à l'université de Georgetown, spécialiste de Tocqueville, Joshua Mitchell. Lors des universités d'été 2021 du Medef,

Hubert Védrine s'est alarmé de cette tendance, tout aussi vive en Europe. Cette « volonté de moralisation du monde à travers les entreprises nous réserve beaucoup de déconvenues », a insisté l'ancien ministre des Affaires étrangères socialiste, rappelant que les valeurs occidentales, malgré toute la bonne foi des démocraties libérales, ne faisaient pas consensus dans le monde. Patrick Pouyanné, patron de Total, a vécu ce dilemme lors de la prise de pouvoir, en février 2021, de la junte en Birmanie où son groupe détient une filiale[4]. Devait-il quitter le pays pour ne pas financer le régime des militaires et ainsi priver d'électricité 5 millions d'habitants, comme de nombreuses ONG l'y incitaient ? « On attendait de Total de devenir un lieu de souveraineté, le régulateur des valeurs [occidentales] », a-t-il pointé lors des mêmes rencontres.

Aux États-Unis, les parlementaires tentent aussi, de leur côté, de moraliser le *business* : ils se sont penchés fin 2020 sur un texte visant à interdire aux multinationales de s'enrichir à partir du travail des personnes prisonnières des camps de rééducation dans le Xinjiang, où sont enfermés des centaines de milliers de Ouïghours.

La proposition de loi a suscité une belle unanimité politique. En revanche, selon des articles du *Washington Post* et du *New York Times*[5], elle a été vidée en partie de sa substance grâce aux attaques en règle, menées *via* des sociétés de lobbying, de grands groupes comme Apple, Nike ou Coca-Cola, soupçonnés de travailler avec des sous-traitants chinois exploitant les prisonniers. L'administration de Joe Biden a repris le dossier à son compte, élargissant, en juillet 2021, la liste noire des entreprises chinoises travaillant dans la province du Xinjiang. Tout groupe américain collaborant, de près ou de loin, avec l'une de ces sociétés est désormais susceptible de poursuites judiciaires.

Un nouvel ordre juridique

Les entreprises modèlent depuis des siècles la civilisation. Elles définissent la manière dont les hommes voyagent, communiquent, se détendent et même, désormais, rencontrent l'âme sœur ! Sous l'effet de la mondialisation, l'empreinte des grandes sociétés sur la vie des hommes s'est encore accrue. Les grands groupes transnationaux participent au mouvement d'homogénéisation des cultures, tout en assumant, parfois malgré eux, une forme de privatisation de la sphère normative. Théoriquement, en démocratie, il revient à la loi, expression de la volonté générale, de définir l'intérêt général, « au nom duquel les services de l'État, sous le contrôle du juge, édictent les normes réglementaires, prennent les décisions individuelles et gèrent les services publics[6] ». Sur le papier, tout est carré. Dans la réalité, le flou domine car les citoyens des démocraties libérales doutent non seulement de la capacité de l'État mais aussi de sa légitimité pour faire émerger l'intérêt général et considèrent avec le plus grand scepticisme l'objectif ancien de former une société politique. Il y a plus de vingt ans, le Conseil d'État notait déjà « le recul de la croyance dans l'intérêt général, à un moment où précisément les progrès de la démocratie s'accompagnent d'une valorisation des comportements individualistes, qui induisent, ainsi que l'avait déjà noté Tocqueville, un repli des individus sur leurs intérêts propres et une désaffection profonde pour la défense des idéaux collectifs ». L'abstention historique enregistrée aux élections régionales de 2021 comme la méfiance inspirée par la campagne de vaccination contre le Covid illustrent ce profond détachement vis-à-vis de la parole politique. « Les individus-citoyens se donnent le droit de manifester leur authenticité et leur personnalité irréductibles à toute autre, donc à juger par eux-mêmes des normes qui peuvent leur être appliquées », énoncent Dominique et Alain Schnapper[7]. Loin de transcender les intérêts individuels, la loi apparaît désormais comme un instrument à leur service. Le morcellement des lieux d'élaboration des normes – État, instances supranationales, ONG, associations militantes, groupes internationaux… – renforce encore la confusion générale.

Le juriste Alain Supiot, professeur au Collège de France, a beaucoup travaillé sur cet ébranlement du légalisme occidental. Le renversement de la hiérarchie entre le public et le privé est responsable, à ses yeux, d'un recul de l'hétéronomie, que l'on peut définir comme le fait d'être soumis à des lois fixées par une entité extérieure à la personne. Or, pour lui, l'hétéronomie de la loi est la condition de l'autonomie des personnes. Selon Alain Supiot, le monde est entré depuis la révolution numérique dans un système de « gouvernance par les nombres » qui permet la résurgence d'ordres passés ; il note même une forme de renaissance du « gouvernement par les hommes », un pilier du ritualisme chinois, « un ordre dans lequel chaque homme intériorise la façon dont il doit se conduire en tout type de situation sociale. L'ordre rituel est sans doute la forme historiquement la plus ancienne et pendant longtemps la plus répandue dans l'humanité »[8]. Sur ce terreau en lente recomposition, les entreprises se retrouvent à devoir assumer un rôle de guides.

En décembre 2019, les présidents du Medef, de la CPME, des Entrepreneurs et dirigeants chrétiens (EDC) et de la Fondation Entreprendre signaient une tribune claire sur le sujet[9]. « Il s'agit de viser le bien, ainsi que le plein épanouissement de tous les membres de notre communauté nationale, européenne et mondiale, de notre communauté présente mais aussi de la communauté à venir et des générations qui vont nous succéder », avançaient ces représentants patronaux. L'intention est louable, la mise en œuvre vertigineuse. Surtout dès lors que le même principe s'applique aux géants du numérique : Facebook, Google, Amazon… qui détiennent le pouvoir de contrôler l'information et d'influer ainsi directement sur les processus démocratiques. Ce sont ces groupes qui définissent aujourd'hui, dans les États libéraux, les frontières de la liberté d'expression. Or ce concept, au cœur de la vie politique, revêtait jusqu'à présent une signification différente des deux côtés de l'Atlantique. Aux États-Unis, il est encadré par le premier amendement de la Constitution, qui interdit au législateur de rogner la liberté d'expression comme celle de la presse. Un principe pris très au sérieux puisque, au fil de sa jurisprudence, la Cour suprême a eu tendance à étendre cette interdiction. Avec son arrêt « Brandenburg vs. Ohio » en 1969, elle a même donné raison à une section locale du Ku Klux Klan contre l'État de l'Ohio. En France, bien plus restrictive, la liberté d'expression est définie par l'article 11 de la Déclaration des droits de l'homme et du citoyen de 1789. « La libre communication des pensées et des opinions est un des droits les plus précieux de l'Homme : tout Citoyen peut donc parler, écrire, imprimer librement, sauf à répondre de l'abus de cette liberté, dans les cas déterminés par la Loi », affirment les législateurs. Les Gafam (Google, Amazon, Facebook, Apple, Microsoft) ne peuvent bien sûr pas se soucier de ces subtilités juridiques, dont découle pourtant, depuis plus de deux siècles, un rapport à la liberté très différent en France et aux États-Unis.

Ces groupes tentaculaires tentent d'assumer leur immense responsabilité en censurant les propos qui leur semblent les plus choquants. L'exercice est complexe et leur vaut de fréquentes critiques. Suite à l'assaut du Capitole de janvier 2021, Facebook et Twitter ont ainsi radié de leurs réseaux le président des États-Unis Donald Trump. Lors de la prise de Kaboul en août 2021, WhatsApp a voulu supprimer les comptes des talibans, quitte à priver la population afghane d'informations importantes. Twitter s'est retrouvé suspendu au Nigeria pour avoir supprimé un message du président Muhammadu Buhari, menaçant les indépendantistes biafrais. En France, les lois sur la laïcité sont le cadre de nombreuses incompréhensions, les réseaux sanctionnant régulièrement des messages jugés racistes, notamment sur le voile islamique, pourtant conformes à ces lois. « Quand les réseaux sociaux hébergent des contenus toxiques, il est entendu qu'ils ne doivent pas être tenus pour responsables, parce que ce sont seulement des plateformes, hébergeant une grande variété de contenus. Mais, d'un autre côté, quand ces grandes sociétés pratiquent la censure, on dit que ce sont des éditeurs privés qui ne sont pas soumis aux obligations du premier amendement », s'alarmait en mai 2021 l'écrivaine Ayaan Hirsi Ali[10]. Le champion de la vente en ligne de livres, Amazon, a également sa définition maison de la liberté d'expression. Il retire ainsi discrètement, régulièrement, des ouvrages dont les opinions ne lui paraissent pas correspondre aux valeurs de ses salariés. Le politologue Ryan T. Anderson, très populaire dans les milieux conservateurs américains, a par exemple découvert en février 2021 que son ouvrage *When Harry Became Sally : Responding to the Transgender Moment* a été exclu de la plateforme car jugé peu respectueux de la cause des transgenres. Ces grands groupes savent en revanche faire preuve d'une certaine souplesse dans leurs relations aux États autoritaires. En 2018, des employés de Google avaient ainsi fait fuiter le projet de leur employeur, baptisé joliment « Dragonfly », de développer un moteur de recherche compatible avec la censure chinoise pour reconquérir l'Empire du milieu[11]. Face à un tollé général, Google avait dû reculer.

Bien avant ces débats sur la liberté d'expression, l'affaire Cambridge Analytica avait déjà sonné l'alarme contre les champions du numérique. Cette entreprise spécialisée dans l'analyse de données à grande échelle, fondée à Londres en 2013, se donnait pour mission « de changer le comportement grâce aux données ». Avec l'autorisation de Facebook, Cambridge Analytica a siphonné les données personnelles de près de 90 millions d'utilisateurs du réseau social. Ces données retravaillées ont ensuite pu être utilisées par des politiques pour influencer les électeurs. Elles sont notamment soupçonnées d'avoir pesé lourdement dans la campagne électorale américaine de 2016 en favorisant l'élection de Donald Trump. La Federal Trade Commission (FTC), le régulateur du commerce américain, a ouvert une enquête sur le sujet en 2018. Elle a débouché en juillet 2019 sur une amende de 5 milliards de dollars, soit 9 % du chiffre d'affaires de Facebook de 2018, pour violation des engagements en matière de la protection de la vie privée des utilisateurs. En parallèle, la FTC exigeait que le groupe crée en interne un comité indépendant sur la protection de la vie privée.

Facebook, rebaptisé Meta en octobre 2021, a répondu à cette injonction en mettant sur pied une espèce de cour de justice privée, chargée d'intervenir pour les cas de modération les plus délicats. Cet *oversight board* dont les vingt membres, essentiellement des professeurs de droit ou activistes des droits de l'homme, ont été sélectionnés par Facebook et dont les prérogatives sont définies par Facebook est aussi, bien entendu, financé par Facebook. En guise d'assurance de qualité, le groupe a insisté sur le fait que les membres du conseil, composé à parts égales d'hommes et de femmes, avaient vécu dans vingt-sept pays et parlaient au moins vingt-neuf langues. Ainsi légitimée par la diversité de son panel, la présence en son sein d'activistes et de juristes, la cour a rendu ses premiers arbitrages en 2021. Elle s'est d'abord prononcée sur la décision du réseau social de suspendre le compte de Donald Trump en janvier 2020 après l'assaut du Capitole. « De nombreuses personnes ont affirmé qu'une entreprise privée ne devrait pas prendre ce genre de décision toute seule. Nous sommes d'accord », avait affirmé Mark Zuckerberg, le patron de Facebook, avant de saisir sa « cour suprême ». La réponse de l'institution est venue quelques mois plus tard. « Les actions du président Trump sur les réseaux sociaux ont encouragé et légitimé la violence et ont constitué une violation grave aux règles de Facebook, a expliqué le directeur du conseil de surveillance, Thomas Hughes. La décision de Facebook de suspendre le président le 7 janvier était la bonne. » Le conseil a en revanche jugé que la durée « indéterminée » de cette suspension était abusive, car non conforme à la politique de contenu du réseau social. Le *board* a donc invité le réseau à « réexaminer cette peine arbitraire et en appliquer une conforme à ses règles » dans les six mois.

Pour l'instant seul Facebook, parmi les réseaux sociaux, a ainsi officiellement le droit de définir, *via* sa cour suprême, ses propres règles d'éthique. Un tournant assez stupéfiant, qui pourrait susciter des vocations, si l'État américain s'en trouvait satisfait. À Washington, le ton monte pourtant régulièrement contre les Gafam.

Joe Biden a accusé Facebook, à l'été 2021, de propager de fausses informations sur le vaccin contre le coronavirus. « Ces entreprises qui étaient jadis des start-up rebelles sont devenues des monopoles tels que nous n'en connaissions plus depuis l'époque des barons du pétrole », fustigeaient encore les élus membres du comité antitrust de la Chambre des représentants américains en octobre 2020. Elles « exercent leur domination de manière à éroder l'esprit d'entreprise, à dégrader la vie privée des Américains et à saper le dynamisme de la presse libre ». Le constat, sévère, semble de plus en plus partagé, et pourtant l'État peine à imposer une régulation efficace. Les États autoritaires ne s'embarrassent pas de ces atermoiements. Pékin a ainsi lancé depuis fin 2020 une vaste offensive afin de rappeler à l'ordre les groupes de technologie qui tentaient de s'émanciper de la tutelle du Parti. La plateforme de commerce Alibaba a écopé en avril 2021 d'une amende de 18 milliards de yuans (2,35 milliards d'euros) pour abus de position dominante. Didi, qui domine 90 % du marché chinois des taxis à la demande, a été visé à l'été par une enquête. C'était ensuite au prolifique secteur des jeux vidéo d'être touché par un tour de vis réglementaire.

L'entreprise-providence ?

Le retour en première ligne de l'État pendant la crise sanitaire, grâce à sa capacité de financement, ne doit pas masquer un phénomène massif : la lente privatisation de multiples fonctions de solidarité et de protection qui étaient jusqu'ici assumées par la puissance publique. Une mutation particulièrement douloureuse en France où l'État providence a cristallisé après guerre tous les rêves de rénovation du pacte républicain. Depuis les années 1970, les opérateurs privés se sont ainsi peu à peu substitués à l'État social, en profonde crise, sous le poids de l'explosion du chômage qui siphonne ses finances et de son incapacité à répondre au drame de l'exclusion. En 2010, l'essayiste et historien Nicolas Baverez s'alarmait déjà de cette « dérive » : « La crise, en faisant exploser la dette publique et en réduisant les marges de manœuvre de la politique économique, accélère l'expansion contrainte du domaine de l'entreprise, qui se voit transférer par l'État le financement et la conduite de certaines politiques, voire la réparation des défaillances des services publics », écrivait-il alors[12].

La crise sanitaire, tout en conférant une nouvelle légitimité à l'action de l'État, a accéléré ce mouvement. Au printemps 2020, alors que la population se confinait dans la stupeur, les entreprises se sont spontanément portées à la rescousse de la puissance publique. En France, LVMH a transformé plusieurs chaînes de production pour fabriquer du gel hydroalcoolique, Air Liquide, PSA, Valeo et Schneider Electric se sont regroupés afin de produire 10 000 respirateurs en cinquante jours, BNP Paribas a fait un don d'un million d'euros à l'institut Pasteur pour mettre au point un vaccin. Afin d'aider les familles à vivre le confinement, Canal+ a décidé de passer en clair, Decathlon a proposé gratuitement des cours de gym en ligne, Ikea a créé un catalogue de jeux pour les enfants, Accor a hébergé gratuitement des personnels soignants et des personnes sans domicile fixe[13]… Les entreprises se sont aussi employées, *via* de nombreuses campagnes publicitaires, à valoriser les fameuses personnes de la « deuxième ligne ». Le patron de Carrefour, Alexandre Bompard, a écrit à ses salariés, le 25 mai 2020, dans une lettre rendue publique : « Vous n'êtes plus seulement Carrefour ; vous êtes le service public de l'alimentation. Vous nourrissez les Français, et vous rappelez à tous que notre rôle est un rôle vital. » Rarement le brouillage des frontières entre privé et public aura été assumé si sereinement. Tandis que les entreprises sortaient de leur couloir afin d'œuvrer pour l'intérêt général, l'État assumait de quasiment soviétiser l'économie, *via* sa politique d'aides massives. Cette alchimie aura permis, pendant les rudes mois de confinement, un alignement parfait entre intérêts privés et intérêt général, voire la renaissance d'un esprit de solidarité nationale. La décision de la puissance publique de privilégier la protection des vies sur celle de l'économie fut très peu contestée.

Cette attention à la santé s'est ensuite déclinée lors de la reprise de l'activité sur les lieux de travail. Les directions des ressources humaines ont dû veiller à instaurer les protocoles adéquats en termes d'espacement des places de travail, d'aération… puis se faire le relais de la campagne vaccinale. L'épisode de la pandémie devrait renforcer l'engagement des entreprises sur ces questions de bien-être de leurs salariés. Les groupes sont en effet de plus en plus sommés de financer les soins des collaborateurs par les assurances complémentaires pour soulager la sécurité sociale. Afin d'essayer de réduire la facture, les entreprises multiplient donc les opérations de prévoyance : formation autour du sommeil, de la nutrition, prévoyance des maladies cardio-vasculaires, des troubles musculo-squelettiques, des risques psychosociaux… Une tendance nettement appréciée des collaborateurs[14].

En France, l'encadrement de l'exploitation des données de santé limite le développement des services de médecine digitaux globaux. La pratique est en revanche courante en Asie et aux États-Unis. Amazon développe ainsi un service de télémédecine, Amazon Care, qui promet à ses patients un accès à un professionnel de santé dans les soixante secondes, vingt-quatre heures sur vingt-quatre et sept jours sur sept. En Chine, trois entreprises – AliHealth, JDHealth et Pin An Good Doctor – offrent déjà un service intégrant toutes les prestations de santé : consultations en ligne, ventes de médicaments, paiement et assurance. Côté prévention, les compagnies récompensent par des baisses de tarifs les clients « responsables » qui font régulièrement du sport ou se nourrissent de manière équilibrée et qui sont surtout prêts à communiquer ces informations très personnelles, collectées souvent *via* des bracelets connectés. L'inflation des frais médicaux a même donné lieu à quelques initiatives musclées : ainsi la société américaine de location d'équipements de déménagement U-Haul, qui compte plus de 30 000 employés, a expliqué début 2020 qu'elle n'embaucherait plus de fumeurs. L'interdiction n'étant pas limitée aux heures de travail mais s'étendant à la vie privée du salarié. Dans la même veine, la banque japonaise Nomura a défrayé la chronique londonienne à l'automne 2021 en étendant aux journées de télétravail l'interdiction de fumer au travail. Le champion des jeux vidéo Activision Blizzard, installé en Californie, a de son côté, depuis 2019, décidé de rémunérer ses collaboratrices un dollar par jour, en chèques-cadeaux, si elles acceptaient de transmettre au département des ressources humaines leurs données gynécologiques (suivi des cycles et des grossesses), récoltées grâce à une application, Ovia Health. Milt Ezzard, l'un des responsables de ces actions, avait assuré au *Washington Post*[15] que cette politique était populaire : « Je veux que [nos collaboratrices] aient des bébés en bonne santé, car c'est bon pour notre business, bien plus que si elles avaient un bébé en soins néonataux, ce qui les empêcherait de revenir au boulot », avançait-il. L'initiative a fait couler beaucoup d'encre. Poussé à l'extrême, le concept de l'entreprise-providence donne le vertige : l'employé d'une telle entreprise accepterait, *via* la communication de ses données personnelles, de se mettre sous la dépendance d'un groupe capable de lui assurer accès à la communication, la santé, la monnaie, l'assurance… Qui accepterait un tel assujettissement ? La description ressemble pourtant précisément aux projets de développement des grandes entreprises technologiques américaines dans la finance, les moyens de paiement, la santé, la monnaie…

Chapitre 6

La politique privatisée ?

Une minorité de patrons, heureux de s'offrir les frissons du combat politique sans en subir les avanies, ont enfourché avec enthousiasme, en Europe, le cheval de bataille des valeurs. La majorité d'entre eux avancent plutôt à reculons sur ce terrain accidenté, qui complexifie la gestion quotidienne de leur activité. Pris en tenaille entre la désaffection de l'État et les demandes des citoyens, les entreprises cherchent leur voie, conscientes à la fois de leur responsabilité dans la cité, mais aussi des graves questions soulevées par une forme de privatisation de l'intérêt général. Par nature, un opérateur privé ne peut s'adresser à l'ensemble d'une communauté nationale, sa sphère d'influence s'étend au mieux à l'ensemble de ses parties prenantes : salariés, consommateurs, fournisseurs, élus des territoires où l'entreprise est présente… L'addition de tous ces cercles ne pourra jamais recouvrir le vieux périmètre national. En sont d'emblée exclues toutes les personnes qui consomment et travaillent peu. La vive opposition rencontrée à Toronto par le projet urbaniste de Google, qui promettait pourtant aux habitants une « Smart City » entièrement numérique livrée sur pièces, démontre bien la suspicion spontanée des populations face à la prétention du privé de prendre en main l'intérêt général.

A contrario, le schéma démocratique traditionnel et ses mécanismes de représentation proposent un dispositif efficace pour répondre à cette question de définition du bien public. Lorsqu'un parlementaire s'exprime, chacun sait qui sont ses électeurs, où penchent ses idées, ses intérêts… De la rencontre de tous ses intérêts particuliers est censé émerger, par l'alchimie du vote, l'intérêt général. Cette fiction, bien malmenée par les politiques eux-mêmes, ne fonctionne plus. Elle présuppose, selon les mots du Conseil d'État, que les individus aient la capacité de « transcender leurs appartenances et leurs intérêts pour exercer la suprême liberté de former ensemble une société politique ». Cicéron ne disait pas mieux dans le *De Republica* : « La république, c'est la chose du peuple, mais un peuple n'est pas un rassemblement quelconque de gens réunis n'importe comment, c'est le rassemblement d'une multitude d'individus qui se sont associés en vertu d'un accord sur le droit et d'une communauté d'intérêts[1]. »

L'accord a disparu et la défiance est générale. Dans son terrible roman *Les Carnets du sous-sol,* Dostoïevski, effrayé par les conséquences du capitalisme naissant, esquissait, en 1864, l'horizon d'une société composée d'individus repliés entièrement sur leur subjectivité et la recherche de leur bien-être. « Et quand on vous démontre qu'au fond, une seule goutte de votre propre graisse doit vous être plus chère qu'un bon million de vos semblables et que cet argument résout finalement les prétendues vertus et les devoirs, tous ces délires et autres préjugés – acceptez-le tel quel, qu'est-ce que vous y pouvez, c'est comme deux fois deux – mathématique[2] », exhorte joyeusement le héros de la nouvelle, un fonctionnaire d'une quarantaine d'années qui, bien avant l'invention du télétravail, a décidé de se reclure dans son petit logement de Saint-Pétersbourg.

Les valeurs à la sauce marketing

Malgré la bonne volonté de nombreux dirigeants, les entreprises ont participé à la constitution de cette société de défiance en brouillant jusqu'à l'absurdité la frontière entre valeurs et marketing. Dans une société où l'émotion règne en maître, il est bien difficile de résister à la tentation, pour un bon communicant, de jouer sur la solennité intrinsèque à toute prise de position éthique ou morale pour valoriser ses produits ou services. Il était ainsi quelque peu surréaliste, au printemps 2021, de voir la plateforme de voitures de transport avec chauffeur (VTC) Uber se muer en redresseur de torts. *Via* une campagne publicitaire massive « Ni dehors, ni à bord », le groupe américain, régulièrement épinglé ces dernières années pour le comportement homophobe de certains de ses chauffeurs, prenait position en France contre « les violences sexistes, sexuelles et LGBTphobes ». Renversant la problématique initiale, l'entreprise demandait à ses clients, par la signature d'une charte, d'appliquer ces principes de non-discrimination « à la machine à café », « lors d'un match », « sur les réseaux sociaux », « lors d'une fête », bref bien au-delà du cadre d'utilisation des services d'Uber. Venant d'un groupe qui a bâti son modèle de rentabilité en s'exonérant de toute obligation sociale vis-à-vis de ses chauffeurs, la leçon de morale était assez savoureuse.

L'annonce en juin 2021 par la marque de cosmétique L'Oréal de son partenariat avec Yseult, « auteure-compositrice-interprète et mannequin française », selon sa fiche Wikipédia, qui se définit elle-même comme « obèse[3] », s'inscrit dans la même veine. « Elle diffuse son message d'amour de soi et d'inclusivité pour toutes les beautés ! a twitté le groupe hexagonal à cette occasion. L'Oréal Paris est fier d'accueillir la talentueuse Yseult en tant qu'ambassadrice internationale. *Le message qui nous rassemble* : OSEZ ÊTRE VOUS-MÊME, CHAQUE BEAUTÉ EST UNIQUE. » Le propos est transparent : quels que soient votre style et votre physique, il existe forcément des produits L'Oréal faits pour vous.

Pour donner un supplément d'âme, ou de sens, à ce message commercial somme toute assez basique, la marque s'appuie sur le caractère sulfureux de la chanteuse à la voie puissante, sacrée aux Victoires de la musique 2021. Quelques jours après cette consécration, Yseult avait en effet annoncé quitter la France pour Bruxelles, ville à la fiscalité certes clémente, mais où surtout elle se sentirait beaucoup mieux car les habitants « accueillent la diversité à bras ouverts [et] assument leur passé colonial, à la différence de la France[4] ».

Les efforts de Nike pour se positionner, dans le sillage de l'affaire George Floyd, en soutien au mouvement « Black Lives Matter » sont encore plus impressionnants. La marque de sport a lancé en septembre 2018 une campagne publicitaire autour de l'image du joueur de football américain Colin Kaepernick, devenu une icône des droits civiques en 2016 après avoir refusé de se lever pendant l'hymne américain. Campagne efficace qui s'est traduite dans la foulée par un envol du cours en Bourse de Nike, au plus haut depuis plusieurs années. Une excellente affaire donc. En 2020, Nike poursuit logiquement sur cette veine, modifiant à l'occasion d'un spot publicitaire son fameux slogan « Just do it » en un solennel « Don't do it », sous-entendu n'ignorez pas le racisme. La vidéo, qui fait référence à la mort de George Floyd, fait défiler des messages forts : « N'ignorez pas le racisme. N'acceptez pas que des vies innocentes soient prises. Ne trouvez pas d'excuses. Ne faites pas comme si cela ne vous concernait pas. » Diffusée sur Twitter, la vidéo est immédiatement retweetée par le grand concurrent de Nike, Adidas, avec ces mots, dignes des meilleures campagnes présidentielles : « Ensemble nous allons de l'avant. Ensemble nous changeons les choses. » Enchanté de son succès, Nike a encore remis le couvert après les jeux Olympiques de Tokyo en diffusant une courte vidéo, caricaturale dans son application à cocher toutes les cases du politiquement correct *woke* : la vidéo salue ainsi la performance de l'équipe féminine américaine de basket-ball, en dénigrant l'histoire de l'Antiquité et notamment le personnage d'Alexandre le Grand, car « ça, c'est juste le patriarcat ». Et peu importe si ces engagements « progressistes » ne correspondent sans doute pas exactement aux convictions personnelles de l'homme fort de Nike, Phil Knight, fondateur et ancien PDG du groupe, qui a donné près de 2 millions de dollars aux candidats républicains lors du cycle électoral de 2018[5], au moment où Donald Trump – qui a traité le fameux joueur de foot au genou à terre, Colin Kaepernick, de « fils de pute[6] » – occupait la Maison Blanche.

Dans un magnifique cas d'école, Renault a également illustré les limites de l'engagement-marketing des grands groupes lors de la dernière « Journée mondiale contre l'homophobie, la transphobie et la biphobie », le 17 mai 2021. En signe de ferme soutien à la cause, le constructeur automobile a mis sur Twitter son logo aux couleurs arc-en-ciel du drapeau LGBT… Une courageuse prise de position réservée toutefois aux États-Unis, au Brésil et à l'Europe de l'Ouest. Autant de pays où les droits des LGBT sont largement reconnus. En revanche, les logos des filiales en Russie, Égypte, Turquie, Maroc ou encore Indonésie… étaient bien sûr sagement restés en noir et blanc. Au fond rien de nouveau derrière ces campagnes, depuis que Balzac fit de César Birotteau, avec sa géniale idée de baptiser ses nouveaux produits cosmétiques « Double Pâte des Sultanes », le maître à penser de tous les publicitaires : « À une époque où l'on ne parlait que de l'Orient, nommer un cosmétique quelconque Pâte des Sultanes, en devinant la magie exercée par ces mots dans un pays où tout homme tient autant à être sultan que la femme à devenir sultane, était une inspiration qui pouvait venir à un homme ordinaire comme à un homme d'esprit [...][7]. » L'astuce est aussi vieille que le capitalisme : il s'agit, pour alpaguer l'acheteur, de vendre, au-delà de son produit, une part de rêve, qu'il s'agisse des mystères de l'Orient éternel ou de la promesse de participer à un vaste mouvement de lutte contre le racisme ou l'homophobie. Le procédé est ancien mais dangereux : en jouant dans leurs campagnes publicitaires avec des notions aussi sensibles que la diversité, la lutte contre le racisme et les discriminations, etc., les entreprises n'apportent évidemment aucune solution à ces problèmes, voire tendent plutôt à les exacerber. L'incroyable esprit de sérieux de ces campagnes n'en finit d'ailleurs pas de surprendre. À coups de vidéos publicitaires, les groupes prétendent, ni plus ni moins, résoudre l'un des grands défis de fond posé aux démocraties, qui fut l'aiguillon de toute l'œuvre de Tocqueville ; savoir jusqu'à quel point une société peut traiter en égaux des individus différents.

« On peut bien trafiquer avec les cannibales sans approuver le cannibalisme ! » s'amusait sans complexe, en 1922, le pragmatique Lloyd George[8], lors de l'établissement de relations commerciales entre la Grande-Bretagne et l'Union soviétique. L'époque ne tolère plus un cynisme si bien assumé. Les entreprises doivent démontrer coûte que coûte qu'elles œuvrent pour le bien. En soi, rien de très choquant. L'hypocrisie fluidifie depuis la nuit des temps les relations humaines. « Ce que nous prenons pour des vertus n'est souvent qu'un assemblage de diverses actions et divers intérêts que la fortune ou notre industrie savent arranger », prévenait déjà le moraliste La Rochefoucauld. On ne s'offusquerait donc pas de ces arrangements au charme sonnant et trébuchant si ce vaste lessivage des valeurs morales et politiques aux codes publicitaires n'abîmait pas la société. Il habitue les citoyens à appréhender de manière toujours plus émotionnelle les questions politiques et encourage par ricochet les élus à adopter les codes publicitaires pour s'adresser à leurs concitoyens. « Le marketing politique, fondé sur le ciblage de clientèles électorales, conduit à ce que le débat public soit convoqué puis confisqué par une succession de minorités très actives », notait ainsi à l'été 2021 l'essayiste Chloé Morin au sujet des anti-passe sanitaire[9].

La démocratie actionnariale : entre promesses et désillusions

Les récentes mutations du capitalisme bouleversent les équilibres politiques traditionnels : les frontières nationales sont explosées, le rôle de l'État limité, les valeurs communes définies par des campagnes publicitaires… La démocratie n'a néanmoins pas dit son dernier mot : un bulletin de vote résiste à la déshérence générale, celui de l'actionnaire. Depuis trente ans, la démocratie actionnariale ne cesse de gagner en densité, sous le poids croissant des fonds de pension et des fonds d'investissement. Les assemblées générales remettent désormais fréquemment en cause les décisions présentées par la direction des entreprises. Le mouvement, très puissant aux États-Unis, gagne peu à peu l'Europe. Il ne s'agit pas ici bien sûr d'invoquer Rousseau, le principe sacré « un homme, une voix » étant remplacé, dans les assemblées d'actionnaires, par cet autre principe, plus pragmatique, « une action, une voix ». Malgré ce biais, l'expression des citoyens actionnaires offre un observatoire efficace des nouveaux combats de la société civile. Depuis 2020, ainsi, aux États-Unis, a émergé, à côté des désormais classiques préoccupations environnementales, sociales et de gouvernance, le thème de la fiscalité. Sont fustigées non seulement toutes les stratégies de fraude mais aussi d'optimisation fiscale menées par les groupes. Les « fonds éthiques » s'intéressent également aux questions d'utilisation des données personnelles ou d'éclatement trop agressif des chaînes de production[10]. Ce tournant, soutenu au départ par les fonds des congrégations chrétiennes américaines, se heurte à l'intérêt des actionnaires favorables au court terme. Leurs débats trouvent ensuite régulièrement un écho dans les discussions des chambres parlementaires.

L'essayiste Philippe Manière décrivait déjà en 2000[11] l'arrivée de ce monde où les changements politiques structurels ne seraient plus décidés par les électeurs mais par les actionnaires. « Plus que convaincus que l'argent est mauvais maître, les Français n'ont pas encore bien vu à quel point il pouvait être bon serviteur », s'amusait l'auteur. Vingt ans plus tard, le mouvement reste encore timide dans l'Hexagone. Certes, les assemblées générales ne sont plus les chambres d'enregistrement d'autrefois où les participants approuvaient comme un seul homme l'ensemble des résolutions présentées. Les propositions soumises aux votes des actionnaires sont désormais discutées en amont et donnent parfois lieu à des polémiques montées dans les médias par les actionnaires minoritaires… Malgré ce tournant, les conseils d'administration conservent très largement dans l'Hexagone la maîtrise de leurs assemblées. L'économiste Pierre-Yves Gomez parle d'ailleurs de simulacre de démocratie actionnariale[12]. « Une authentique démocratie supposerait des débats argumentés entre les parties prenantes, y compris entre les actionnaires, le souci partagé du bien commun et des espaces de délibération permettant de converger sur un projet assumé par l'exécutif et le conseil. La gouvernance des sociétés de capitaux en est loin et la simple prise de parole publique des activistes, quelle que soit la pertinence de leurs revendications, ne peut faire illusion. » Ainsi, les associations écologistes promettaient, lors de l'assemblée générale de Total du 28 mai 2021, un moment de rébellion des actionnaires en faveur d'une stratégie environnementale plus ambitieuse. Loin de là, l'assemblée a entériné à une très forte majorité toutes les résolutions présentées. La pression était forte car, deux jours plus tôt, le 26 mai, la direction du géant pétrolier américain Exxon avait dû renoncer à ses plans et accepter sous la pression d'un de ses actionnaires, le fonds activiste pro-climat Engine n° 1, de s'engager à se reconvertir en partie dans les énergies renouvelables.

Bien avant l'assemblée d'Exxon, Karl Marx avait déjà pressenti le potentiel révolutionnaire de la démocratie actionnariale. Il estimait les sociétés par actions incompatibles avec la notion de propriété privée. Pour lui, elles représentent même une forme de propriété sociale. Dans le troisième livre du *Capital*, il affirme ainsi :

« Le capital, qui repose, par définition, sur le mode de production sociale et présuppose une concentration sociale de moyens de production et de force de travail, revêt ici directement la forme de capital social (capital d'individus directement associés) par opposition au capital privé ; ses entreprises se présentent donc comme des entreprises sociales par opposition aux entreprises privées. C'est là la suppression du capital en tant que propriété privée à l'intérieur des limites du mode de production capitaliste lui-même. » Le philosophe voyait dans la société par actions un instrument de la future ruine du capitalisme, qui s'effondrerait, selon sa fameuse théorie, sous les coups mêmes des capitalistes. L'histoire a démontré les limites de cette lecture apocalyptique. La démocratie actionnariale garde néanmoins en ce XXIe siècle une force saisissante : loin de provoquer la destruction des capitalistes et l'avènement de la révolution, elle se présente désormais, aux États-Unis, comme une enceinte de renouveau du débat politique.

Quel avenir pour le socle national ?

La démocratie actionnariale séduit car les entreprises semblent bien mieux armées que la sphère politique, encastrée au niveau local ou, au mieux, national, pour répondre aux défis et angoisses globales. Ainsi selon une enquête menée en mai 2021 par l'Ifop pour la Fondation Jean-Jaurès, respectivement 71 % des salariés et 79 % des cadres dirigeants considéraient que leur entreprise, « au-delà de son activité économique, joue un rôle important au sein de la société ». Cette société postmoderne dans laquelle les entreprises « jouent un rôle » n'a plus grand-chose à voir avec la vision républicaine de Cicéron. Le philosophe anglo-polonais Zygmunt Bauman, mort en 2017, l'a qualifiée de « société liquide[13] ». L'expression décrit un monde précaire et incertain, où les hommes s'intègrent par la consommation et où ils ne cessent d'interroger et de refaçonner leur identité, de crainte de la voir balayée par le marché. Dans cette société kaléidoscopique, la politique et le pouvoir ont divorcé. « D'un côté, la mondialisation sape la capacité des institutions politiques établies à agir de manière efficace ; de l'autre, la rétraction de la vie politique vers des préoccupations d'identité personnelle empêche que cristallise une action collective au même niveau de globalité. Tout semble en place pour réaliser, à la fois, la mondialisation des conditions de vie et l'atomisation ou la privatisation des luttes pour la vie », avançait ainsi Zygmunt Bauman[14].

À la faveur de la crise sanitaire, les États ont toutefois, le temps des confinements, fait mentir cette analyse. Dans les démocraties occidentales, ils ont repris en main les rênes du pouvoir, organisé les conditions de vie sous contrainte, massivement soutenu les entreprises… La politique est redevenue, le temps d'un enfermement, puissante. Les élus ont bien sûr pris goût à cet agréable vertige ; et tous les partis politiques, dans les démocraties libérales, se réclament désormais de la défense de la souveraineté nationale. En France, l'exécutif d'Emmanuel Macron promet ainsi de rapatrier sur le sol national les chaînes de production essentielles à la vie du pays. Ces mêmes usines avaient été massivement délocalisées à partir des années 1990 avec la bénédiction des politiques de l'époque qui, se rappelant la théorie des avantages comparatifs de Ricardo[15], espéraient faire de leurs pays des champions des services. Un choix payé par une rapide explosion du chômage. « Le développement économique créait les conditions de la résolution de la question sociale. Aujourd'hui, c'est l'inverse : le développement économique crée la nouvelle question sociale et prive des solutions antérieures », affirmait le philosophe François Ewald dans un papier de 2018[16].

La tendance pourrait-elle s'inverser ? C'est tout l'enjeu du développement économique des prochaines années, qui doit trouver son chemin entre deux mouvements contradictoires : la demande massive de local des consommateurs, et l'affranchissement permis par la révolution technologique des liens entre les territoires nationaux et les grands groupes. Sur le papier, les entreprises semblent décidées, en cette sortie de crise sanitaire, à jouer la carte de la souveraineté. D'ici à un éventuel retour de balancier, l'Europe a une carte à jouer ; le Vieux Continent tente en effet de construire un cadre juridique harmonisé par toutes les activités extra-financières des entreprises, autrement dit tout ce qui tourne autour de la RSE. Bruxelles a ainsi publié le 21 avril 2021 un projet de directive sur les rapports de durabilité des entreprises, baptisé CSRD, pour *Corporate Sustainability Reporting Directive*. Le signal est fort, car l'Union européenne a dans le passé fait preuve de beaucoup de faiblesse sur ces questions comptables : elle a notamment abandonné toute souveraineté, en s'alignant sur les pratiques américaines, en matière de comptabilité des groupes cotés. Or, comme notait Mirabeau, « depuis le commencement du monde, il y a eu trois découvertes qui ont donné aux sociétés politiques leur principale solidité. La première est l'invention de l'écriture ; la seconde est l'invention de la monnaie, la troisième, qui est le résultat des deux autres, est la comptabilité[17] ». Derrière ces détails techniques se joue en effet la capacité de l'Europe de préserver la spécificité de son modèle économique, défini par le traité de Rome comme l'économie sociale de marché. La France a beaucoup plaidé en ce sens. L'affaire n'est toutefois pas gagnée ; le futur dispositif reste à construire et certains États se contenteraient volontiers d'adopter les critères anglo-saxons.

Pour bâtir sa directive, l'Union européenne doit d'abord définir ses valeurs. Un rapport de l'institut Montaigne s'est attelé à l'exercice. Selon ses auteurs, la solidarité, la liberté individuelle, la diversité territoriale et culturelle figurent parmi les « valeurs essentielles » de l'Union européenne[18]. « Il s'agit de construire un cadre normatif européen conforme aux enjeux et aux valeurs européens. Faute de quoi s'imposeront définitivement aux entreprises européennes non seulement le cadre conceptuel financier américain mais également les valeurs sociales et sociétales américaines », avancent les auteurs de l'étude, Yves Perrier et Jean-Dominique Senard, présidents de la société de gestion Amundi et du constructeur Renault. Le sujet du cadre sociétal est particulièrement sensible pour la France, qui a construit son identité sur un modèle universaliste orthogonal avec les valeurs d'extrême attention aux minorités diffusées par la majorité des grandes entreprises américaines.

Les syndicats et leurs combats sociaux peinent aussi à trouver leur place face à cette lame de fond sociétale. Leur extrême faiblesse – ils ont été élus en 2021 par seulement 38 % des salariés – les a conduits à se rapprocher du monde associatif et des ONG, au risque de se voir, dans quelques années, dépossédés de leurs prérogatives au sein des conseils d'administration. En mars 2019, la CFDT et la Fondation Nicolas Hulot, entourées de la CFTC, Unsa, Secours catholique, ATD Quart Monde, France Nature Environnement…, ont ainsi présenté ensemble un pacte du pouvoir de vivre pour répondre à l'urgence écologique et sociale. « Associations environnementales, d'éducation populaire, de lutte contre la pauvreté, de soutien à l'accueil des migrants ; syndicats, fondations et mutuelles : nous avons fait le constat que la société civile organisée peine à se faire entendre par le gouvernement depuis le début du quinquennat », expliquent les signataires. Un an plus tard, la CGT a annoncé à son tour une alliance avec une vingtaine d'organismes, dont Attac, Oxfam, la FSU, Les Amis de la Terre et, surtout, Greenpeace.

Chapitre 7

Et demain, le meilleur des mondes ?

La démocratie n'en finit pas de s'enfoncer dans la crise. L'attaque du Capitole aux États-Unis, la destruction d'une statue de l'Arc de Triomphe à Paris par les « gilets jaunes » ont laissé un goût amer de fin d'un monde. Fatigués des règles exigeantes, qui nécessitent de chacun un effort de formation conséquent, mais aussi de l'impuissance des politiques, les citoyens semblent ne même plus remarquer ce délitement. Platon n'aurait pas été surpris de ce tournant. Dans *La République*, le philosophe a décrit, il y a plus de deux mille ans, la dégénérescence progressive de la cité idéale. Au régime fondé sur l'égalité, la démocratie, succède la tyrannie, un état marquant la fin de l'ère politique et du règne de la loi.

La bascule semble aujourd'hui à portée de main. Certains États l'ont d'ailleurs, à divers degrés, expérimenté sans dommage apparent. La pandémie de coronavirus a ouvert une brèche dans ce processus de délitement. Le temps de la crise, la solidarité est redevenue une valeur cardinale. La parenthèse de concorde nationale s'est toutefois vite refermée. Et, sitôt la campagne de vaccination lancée, de nouvelles jacqueries se sont déclarées. Ces révoltes doivent être prises au sérieux, comme l'expression d'une quête de sens, voire d'une demande de transcendance. Malraux l'avançait dans *L'Espoir,* la révolution tient « le rôle que joua jadis la vie éternelle » : elle « sauve ceux qui la font » !

Que peuvent les entreprises au milieu de ce furieux maelstrom ? Prendre en main la régulation géopolitique et guider le monde vers un avenir radieux. L'option est sur la table comme le souligne Dominique Lamoureux, l'ancien directeur de l'éthique du groupe Thales : « [...] le monde de demain se caractérise par des préoccupations à dimension planétaire que, par nature, les organisations traditionnelles ne peuvent pas gérer. Au niveau national, on constate la balkanisation des

États et la montée des nationalismes et populismes. Au niveau international, on est confronté à une crise structurelle du multilatéralisme et à une défaillance des organisations internationales. Face à cette situation apparaît l'idée que les entreprises, considérées comme puissantes, globales et généralement plutôt efficaces, pourraient prendre le relais des États et assurer la gestion de la planète[1]. » Les promesses de la démocratie actionnariale étant par nature impossibles à tenir, un tel choix achèverait de couper le lien ténu entre les citoyens et le pouvoir, faisant plonger les États occidentaux dans un nouveau régime apolitique, aux contours peu rassurants, tant tous les philosophes – à l'exception de Marx ! – nous ont appris que le premier rôle de la politique restait de juguler la violence…

Les entreprises peuvent-elles être responsables de tout ?

Le philosophe et économiste Claude-Henri de Saint-Simon (1760-1825) croyait dur comme fer que les industriels pouvaient s'allier pour assurer le bonheur des hommes et la paix, en faisant concorder intérêts particuliers et intérêt général. Pour lui, l'entreprise, qui façonne la civilisation, est *de facto* un acteur politique majeur, affranchi de la tutelle de l'État, et titulaire de la haute responsabilité d'organiser la fraternité humaine. Le projet de Saint-Simon est ambitieux : il estime que l'industrie peut constituer le socle de la nouvelle société en train d'émerger laborieusement sous ses yeux après le choc de la Révolution et des guerres napoléoniennes. « Le pouvoir temporel dans l'ancien système, étant militaire, exigeait par sa nature le plus haut degré d'obéissance passive de la part de la nation. Au contraire, dans la capacité industrielle, envisagée comme devant diriger les affaires temporelles de la société, l'arbitraire n'entre point et ne saurait entrer, puisque d'une part, tout est jugeable dans le plan qu'elle peut former pour travailler à la prospérité générale, et que d'une autre part, l'exécution de ce plan ne peut exiger qu'un très faible degré de commandement des hommes à l'égard les uns des autres[2] », s'enthousiasme le fondateur du « nouveau christianisme », persuadé que le bonheur du monde dépend de sa capacité à atteindre la phase ultime du progrès, sobrement intitulée « le système industriel et scientifique ».

L'enthousiasme mystique de Saint-Simon fait écho à l'ambition des géants de la tech de la Silicon Valley. Tordant jusqu'à l'*hybris* la notion de la responsabilité, ils s'attaquent aux plus grands problèmes de la condition humaine, y compris au premier d'entre eux, la mort. Google avait ainsi frappé les esprits en lançant en 2013 sa filiale Calico, qui visait à allonger significativement la durée de vie humaine puis simplement supprimer la mort. Après l'annonce, le magazine *Time* titrait : « Cela semblerait fou – s'il ne s'agissait pas de Google. » Près de de dix ans plus tard, l'euphorie est quelque peu retombée. Personne n'a d'ailleurs entendu parler des exploits de Google ou de ses pairs pendant la crise sanitaire du coronavirus. Le groupe n'a pas pour autant renoncé à ses ambitions. Après 1,5 milliard de dollars d'investissement dans la création du laboratoire de recherche de Calico en 2014, la société mère de Google, Alphabet, a remis sur la table en 2021, avec son partenaire new-yorkais AbbVie, 1 milliard de dollars pour le développement de médicaments anti-âge. Le groupe est désormais structuré autour de trois filiales : Calico, dédiée aux questions de vieillissement et à l'« homme augmenté », Verily Life Sciences, spécialisée dans l'exploitation de données, et Google Health, division créée en 2020 pour chapeauter le reste des activités. Son directeur de l'ingénierie, Ray Kurzweil, reste l'un des chefs de file du mouvement transhumaniste qui poursuit l'objectif d'« améliorer » l'humain grâce aux nanotechnologies, aux biotechnologies et à l'informatique. Cette nouvelle religion souhaiterait, *a minima*, permettre un jour à chacun de télécharger son cerveau sur des serveurs afin, une fois son corps usé, de pouvoir poursuivre agréablement sa vie de manière dématérialisée. L'incontrôlable fondateur de SpaceX et Tesla, Elon Musk, investit également sur ce créneau avec sa start-up Neuralink, fondée en 2017, qui veut traiter les maladies neurologiques mais également, dans un second temps, augmenter les capacités humaines. L'implant n'a pour l'instant été testé que sur des cochons. En attendant l'immortalité, la tech a déjà réussi à domestiquer l'amour. L'intelligence artificielle Xiaoice se développe de manière exponentielle dans toute l'Asie. Ce robot de conversation empathique et compréhensif compte 150 millions d'utilisateurs rien qu'en Chine. Beaucoup d'entre eux identifient l'assistant vocal comme leur petit(e) ami(e). Les rêves des développeurs confirment ainsi les qualités visionnaires de Michel Houellebecq, qui décrivait en 2005, dans *La Possibilité d'une île*, un monde où des hommes sélectionnés, parfaitement isolés les uns des autres au point de ne plus communiquer entre eux que par voie électronique, seraient reproduits par clonage tandis que le reste de l'humanité retournerait à l'état sauvage.

L'idée de confier au privé la responsabilité de définir les limites de la vie ou même de la nature humaine heurte spontanément le bon sens. L'intérêt de ces entreprises pourrait-il se coordonner avec l'intérêt général, comme en était persuadé Saint-Simon, quand, en l'absence de contrôle démocratique, menacent conflits d'intérêts et abus de puissance ? La notion de responsabilité est mouvante dans l'Histoire. Pendant la brève période paternaliste, l'entreprise fut considérée en France comme l'institution responsable par excellence. Après les siècles d'incarnation du principe dans la figure du roi ou, localement, des seigneurs, la Révolution impose l'idée d'une responsabilité partagée également entre tous les citoyens : chacun est responsable de mener sa vie au service de la République. Au XIXe siècle, le développement industriel fulgurant met fin à cette utopie. Dans un retour aux logiques médiévales, le chef d'entreprise paternaliste assume les responsabilités pour les autres ; il prend en charge le destin de son territoire et de ses ouvriers.

Le syndicalisme propose ensuite une alternative à cet équilibre. Il ouvre la voie à une autonomie accrue des salariés... qui sera elle-même remise en cause par l'établissement de l'État providence. Les démocraties libérales entrent alors dans une sphère de mutualisation des risques, de solidarité et de protection. « Chacun en fonction de sa place dans la société se voit attribuer un certain nombre de risques, et le gouvernement veille à éviter que la répartition soit trop injuste », avance François Ewald[3]. Les protections financières n'excluent personne car l'État part du principe qu'inéluctablement une part de la population tombera malade, perdra son emploi... La probabilité remplace la responsabilité. De manière paradoxale, ce tournant de l'État social consacre ainsi en fait la dépendance du salarié. Cette subordination est toutefois tolérée car, comme dans le schéma paternaliste, elle est synonyme de protection. Suivant l'analyse d'Ewald, le mouvement libéral vient ensuite bouleverser, à partir des années 1990, ce principe du partage des risques. Il promeut un retour à la vision originelle des révolutionnaires de 1790, celle de la responsabilité individuelle. Chacun est responsable de son destin et de celui de la collectivité, et personne ne doit plus se protéger derrière la vision holistique des risques. La liberté s'impose : chacun est prié de se former pour trouver un emploi, d'adopter un mode de vie sain pour prévenir la maladie, d'élever correctement ses enfants pour leur préparer un bon avenir… Las, cette vision si optimiste de la société se fracasse rapidement sur les déséquilibres engendrés par le laisser-faire, notamment sur les terrains des délocalisations ou de la destruction de l'environnement. Ce constat d'échec étant établi, les institutions de la responsabilité se trouvent aujourd'hui à réinventer.

Les entreprises, détentrices du pouvoir économique, doivent bien sûr avoir toute leur place dans cette nouvelle gouvernance, à côté de la puissance publique et des individus. Placer le privé sous la coupe de l'État ne semble pas davantage raisonnable qu'imputer à l'ensemble des entreprises une responsabilité dépassant largement les motifs pour lesquels les actionnaires se sont associés. Jean-Marc Sauvé, le vice-président du Conseil d'État de 2006 à 2018, plaide pour une coresponsabilité entre la puissance publique et les entreprises : « Mais chacun joue à un niveau différent. La question qui se pose est celle de l'étendue des charges qui peuvent être partagées ou transférées. Selon moi, il est essentiel d'établir une relation rigoureuse entre le problème à traiter et la capacité de l'entreprise à y répondre à son échelle[4]. » Pour Félix Torres, l'entreprise est ainsi entourée par un double cercle de responsabilité. Celui, d'abord, des obligations légales dans chacun des pays où les entreprises sont présentes. Ensuite, « celui de l'engagement social et environnemental que chacune d'entre elles décide ou non de mettre en œuvre, de manière plus ou moins élargie, plus ou moins novatrice. La sanction de cette redevabilité sera celle des parties prenantes et du public[5] », affirme l'historien. Sur ce principe d'un engagement volontaire et contrôlé, les opérateurs privés peuvent alors participer à la constitution d'une nouvelle société plus fraternelle, comme l'espérait Saint-Simon et comme le vivent déjà certains entrepreneurs sociaux audacieux.

L'hypothèse d'une polarisation des prises de position

Pour l'instant, l'intense polarisation qui caractérise la société contemporaine épargne à peu près les entreprises. De loin, toutes les grandes corporations mondialisées semblent se retrouver sur un socle de valeurs relativement universelles, autour des concepts de durabilité et d'inclusivité, inspirées – pour simplifier – de la *doxa* la plus consensuelle de la gauche américaine. Le biais des grands groupes en faveur des valeurs identifiées comme progressistes a été confirmé par une étude de 2020 de James Bailey et Hillary Philipps pour la *Harvard Business Review*[6]. Leurs recherches montrent à quel point aux États-Unis il est nuisible pour une entreprise d'être perçue comme conservatrice, c'est-à-dire proche de valeurs religieuses ou nationalistes. Si des consommateurs apprennent qu'une société défend, par ses financements ou ses activités de lobbying, un agenda conservateur, leur taux de sympathie envers ladite société baisse de 33 % et leurs intentions d'achat de 26 %. Une telle position complique aussi les recrutements : les personnes à la recherche d'un emploi se déclareraient, toujours selon l'enquête des économistes, nettement moins motivées par la perspective de postuler dans cette société (– 44 % par rapport à une entreprise perçue comme neutre). Étonnamment, en revanche, l'affichage de valeurs progressistes ne change pour ainsi dire pas le regard des consommateurs ou des futures recrues sur une société. Pour comprendre cette asymétrie, les chercheurs ont corrélé les opinions politiques des consommateurs à leurs réponses. Le résultat de l'enquête est clair : les électeurs du parti républicain n'accordent pas d'importance aux engagements de l'entreprise, considérant à la limite comme normal qu'ils ne correspondent pas à leurs propres convictions, les démocrates en revanche assument une claire stratégie de boycott envers les sociétés dont les valeurs leur déplaisent.

Cette étude confirme et justifie le sentiment de relative homogénéité des engagements affichés par les grands groupes occidentaux. À moins d'une motivation à toute épreuve, les entreprises ayant pignon sur rue n'ont aucun intérêt à sortir du bois avec des opinions conservatrices. La chaîne spécialiste du poulet Chick-fil-A, troisième enseigne de restauration rapide américaine, détenue par une famille de fervents chrétiens de l'État de Géorgie, fait partie de ces quelques réfractaires. Alors que son patron a défendu publiquement la « définition biblique de la famille », le groupe conseille toujours à ses franchisés de diriger leur établissement « selon les principes de la Bible », ce qui passe notamment par une fermeture le dimanche. Au-delà des convictions de l'actionnaire, la culture d'une entreprise dépend bien sûr de son ancrage. Un groupe de services californien employant une majorité de cadres urbains sera bien davantage sensible à l'approche du fabricant de glaces Ben & Jerry's qui ne cesse de s'exprimer sur la nécessité de « démonter la suprématie blanche » qu'une PME industrielle dont le gros des troupes est constitué d'ouvriers mal payés. Cette fracture assez basique a été parfaitement illustrée par le financement de l'élection présidentielle américaine de 2020, qui a mobilisé 11 milliards de dollars ! Selon les données du site OpenSecrets.org, émanant du Center for Responsive Politics (CRP), qui retrace les financements des partis politiques et des campagnes électorales, 84 % des milliardaires californiens ont soutenu Joe Biden et 88 % des milliardaires texans, Donald Trump. La division est aussi nette par secteur : la totalité des milliardaires ayant fait fortune dans les énergies, l'industrie manufacturière, les jeux d'argent et les casinos finance Trump, alors que la grande majorité de ceux issus des technologies ou des médias soutiennent Biden.

Comme nous l'avons vu avec Nike, les grands donateurs ne se préoccupaient pas jusqu'ici nécessairement de la cohérence entre leurs financements politiques et les valeurs affichées par leur entreprise. La franche adhésion de certaines entreprises au mouvement antiraciste *woke* pourrait creuser la fracture entre deux camps. C'est l'objectif d'un nouvel écosystème conservateur américain qui se nourrit des excès de ce mouvement : discours des rasoirs Gillette sur la masculinité toxique, invention par Ikea du « drapeau du progrès », censé représenter aussi bien « les personnes de couleur » que « la communauté transgenre », parce que « nous voulons que les gens de toutes les orientations sexuelles et identités sexuelles se sentent à l'aise »... Les organisations les plus en vue au sein de ce courant anti-*woke*, le National Center for Public Policy Research (le Centre national pour la recherche en politique publique), le Free Enterprise Project (le Projet pour une entreprise libre), l'American Legislative Exchange Council (le Conseil américain d'échange législatif), etc., dénoncent ainsi à longueur de tribunes l'entrisme de la culture *woke* au sein des groupes et les campagnes d'intimidation menées par les militants de la gauche dure. Le Free Enterprise Project a notamment publié en 2021 un premier guide de l'actionnaire pour les assemblées générales, intitulé « Balancing the Boardroom : How Conservatives Can Combat Corporate Wokeness », en français « Équilibrer l'assemblée : comment les conservateurs peuvent combattre les entreprises *woke* ». Entre autres recommandations, les auteurs suggèrent de voter contre la reconduction des patrons suivants : Larry Fink (BlackRock), Al

Gore (Apple), Brian Moynihan (Bank of America), Darren Walker (PepsiCo), Marc Benioff (Salesforce), tous accusés de profiter de leur position pour imposer un agenda de gauche à l'ensemble du pays. Ils dénoncent aussi vivement toutes les entreprises finançant le Southern Poverty Law Center ou le Human Rights Campaign, des associations qui, selon eux, « diabolisent les Américains croyants ».

Dans la sphère financière, les conservateurs avancent aussi leurs pions. Depuis 2020, deux sociétés d'investissement – l'American Conservatives Value et le 2ndVote Advisers – promettent ainsi d'investir uniquement dans des entreprises qui ne sacrifient pas la poursuite du profit à la défense d'un agenda libéral. « Des décisions récentes de Bank of America, d'American Express et du Nasdaq ont suscité de fortes inquiétudes parmi les investisseurs de sensibilité conservatrice », insistait le directeur de l'American Conservatives Value dans un communiqué du 29 août 2021[7]. Auparavant, des véhicules d'investissement refusaient déjà l'agenda progressiste au nom de valeurs religieuses. La finance islamique se déploie d'abord rapidement depuis les années 2000, avec un encours estimé en 2021 à près de 3 000 milliards de dollars. Elle bénéficie en France d'aménagements fiscaux depuis 2008. Les chrétiens s'organisent aussi. Aux États-Unis, la société Ave Maria Mutual Funds, par exemple, promet d'investir dans des sociétés aux valeurs compatibles avec celles de l'Église catholique.

Du point de vue de la vie démocratique et intellectuelle, la perspective d'une telle polarisation des opérateurs privés n'est guère réjouissante. Si un achat dans un rayon de supermarché ou un investissement financier suffit à exprimer ses préférences politiques et idéologiques, les bureaux de vote se préparent de tristes jours. La France, où l'opposition entre valeurs universelles et communautaires cristallise tant de tensions, souffrirait particulièrement d'une telle polarisation entre les groupes privés. D'autant que les divergences entre les entreprises pourraient se matérialiser rapidement sur la question très sensible du fait religieux. Après quelques actions en justice retentissantes autour de la question du voile, les difficultés sur le sujet ont plutôt semblé s'apaiser ces dernières années, du moins en surface. Le cadre juridique a été précisé : en 2017, la Cour de cassation a ainsi confirmé qu'une entreprise pouvait interdire le port de signes religieux à ses salariés si elle respectait une liste précise de conditions. Au quotidien, le management intermédiaire, fidèle à l'exhortation de Voltaire : « Celui qui n'ose regarder fixement les deux pôles de la vie humaine, la religion et le gouvernement, n'est qu'un lâche », tente de trouver le juste ton, avec une certaine souplesse. Ce modus vivendi serait toutefois, selon le témoignage de plusieurs dirigeants, fragile, les demandes d'affirmation de son appartenance religieuse progressant dans l'entreprise. Selon le dernier baromètre de l'institut Montaigne, les comportements rigoristes augmentent en effet : 12 % en 2021 contre moins de 8 % en 2019. « On observe que les entreprises attendent de leurs salariés une implication plus personnelle et plus engageante. La logique "venez comme vous êtes" s'est progressivement imposée, et elle est prise au mot par les salariés croyants », avancent les auteurs de l'étude.

Les entreprises au cœur d'un renouveau démocratique ?

Une des conséquences les plus directes de la crise sanitaire, pour le monde du travail, reste l'essor soudain du télétravail. Cette organisation ne concerne bien sûr qu'une minorité des actifs, en priorité les cadres dans les emplois de service, mais, en raison du poids de ces profils dans l'économie, elle devrait influer sur la représentation du travail dans la société. D'abord le télétravail ne peut que renforcer les salariés dans leur subjectivité et accélérer la diffusion des valeurs individualistes. « Derrière l'invocation globalisante d'un individualisme suspect, il y a en fait une triple évolution qui est à l'œuvre, précise le sociologue Pierre Rosanvallon. La première est liée à l'avènement d'un nouveau type de capitalisme, que l'on peut qualifier de capitalisme d'innovation. Celui-ci est fondé sur l'exploitation de l'apport spécifique de chaque individu (de sa valeur d'usage pour l'entreprise). […] L'individualisation du travail […] correspond à un nouveau mode de production de la valeur […] : c'est désormais de plus en plus la singularité qu'il s'agit de mobiliser[8]. » Un des leviers les plus efficaces pour mobiliser cette singularité est de coordonner la quête de sens et de reconnaissance des collaborateurs avec le projet de l'entreprise. Tous les DRH s'accordent sur ce principe. Mais, dans la pratique, comment faire ? Schématiquement, deux voies se présentent.

La première consiste à assumer de répondre aux revendications qui émanent des salariés et des consommateurs et ainsi de s'engager franchement sur un véritable agenda politique, à coups de messages sur les réseaux sociaux, boycott, pour les campagnes publicitaires, des médias dont les valeurs sont jugées incompatibles avec celles professées par les salariés, choix d'égéries à l'identité politique affirmée, communication sur les textes législatifs en cours de discussion… Une telle option peut se révéler intéressante pour les groupes qui visent avant tout à séduire la jeune génération, de loin la plus engagée, quitte à délaisser le ventre mou de la société. La philosophe Monique Canto-Sperber[9] s'inquiète toutefois de voir les entreprises qui choisiraient ce chemin clivant délaisser « leur extraordinaire mission de brassage sociale ». Ainsi beaucoup de Français ne comprennent pas les concessions accordées depuis dix-huit mois par de nombreux grands groupes à la petite minorité de personnes transgenres et « non-binaires », c'est-à-dire ne se reconnaissant pas dans la distinction entre les hommes et les femmes. De peur de transgresser les règles de l'inclusivité, énormément d'entreprises n'osent plus, par exemple, parler « d'hommes et de femmes ». La compagnie aérienne Lufthansa a même demandé à ses personnels, en juillet 2021, de bannir l'expression « mesdames et messieurs » afin « de choisir un discours qui s'adresse à tous les passagers ». Dans le même registre, la grave question des toilettes neutres est l'objet d'intenses discussions au sein de nombreuses équipes de DRH à Paris. La pratique qui consiste à préciser systématiquement, en signature d'un courrier électronique, le pronom qui vous qualifie (il, elle ou le pronom neutre iel) se répand également comme une traînée de poudre en Europe. Autant d'usages qui ne laissent de surprendre les plus de 30 ans. Ils ont toutefois tous leur rationalité du point de vue des affaires, comme l'a démontré une enquête de l'Institut français d'opinion publique (Ifop) auprès des 18-30 ans parue fin novembre 2021[10] : 22 % des personnes interrogées affirmaient en effet ne pas se reconnaître « dans les deux catégories de genre hommes/femmes ».

Une autre voie de mobilisation des salariés nous séduit davantage, celle de l'autonomie et de la responsabilité individuelle, mise à mal depuis vingt ans par la diffusion massive des technologies numériques et la montée en puissance des organisations en réseau au sein des grands groupes. « Dans le cadre du travail rémunéré, nous ne définissons pas le sens du travail, mais ce désavantage peut être compensé, dans le milieu salarié, par la sécurité qui nous est proposée, notait en 2017 l'économiste Pierre-Yves Gomez[11]. Ce que nous perdons donc en autonomie, nous le gagnons en sécurité. » Le télétravail pourrait alors favoriser l'élaboration d'un nouveau contrat où le salarié n'aurait plus à troquer sens du travail contre sécurité, mais pourrait davantage développer son action. Spécialiste des ressources humaines, la philosophe Julia de Funès évoque même « une libération psychologique. Quand on est dans un *open space*, on est obligé de montrer qu'on travaille. Et cette représentation permanente qui occupe et accapare une partie de l'esprit explique pourquoi le télétravail est très efficace[12] ».

Dans un contexte de responsabilité accrue, les salariés pourraient ainsi se réapproprier les sujets d'éthique qui traversent leurs organisations. Loin de subir des règles imposées du haut, ils s'en empareraient pour, une fois les valeurs du groupe bien définies, les mettre en œuvre concrètement à leur niveau, selon les principes de la subsidiarité. L'engagement de l'entreprise ne serait alors plus considéré comme un moyen d'assouvissement de sa propre quête de reconnaissance, mais comme un levier pour changer le monde. « Tout travail travaille à faire un homme en même temps qu'une chose », croyait Emmanuel Mounier. Lui donner raison en incitant chacun à prendre toute la responsabilité de son action transformerait les entreprises en premières alliées d'un renouveau de la société politique.

Conclusion

La puissance publique semble si démunie face aux défis globaux qu'affrontent nos sociétés et les instances internationales si divisées qu'il paraît tentant d'abandonner aux grandes entreprises le soin de prendre en main ces problèmes et de définir le bien commun. Imaginer une société apolitique n'est d'ailleurs pas si vertigineux : un nombre important de nos concitoyens ont fait ce choix en ne votant plus et semblent s'en porter très bien. Les racines du mouvement sont profondes : « Quand il s'agit de la vie, toute action est, par définition, sous l'empire de la nécessité et le domaine propre pour s'occuper des nécessités de la vie est la gigantesque et toujours croissante sphère de la vie économique et sociale dont l'administration a éclipsé le domaine politique depuis le début des temps modernes », affirmait Hannah Arendt[1]. Une étape symbolique a été franchie quand le pouvoir est peu à peu passé ces dernières décennies des élus aux administrations. Poursuivre sur cette voie en le renvoyant dorénavant aux opérateurs privés, plus efficaces, semblerait presque logique. D'autant que la démocratie est bien abîmée des deux côtés de l'Atlantique. Alors que l'Europe de Bruxelles se contente pour l'instant de remplacer les gouvernements représentatifs par une « gouvernance démocratique », selon les mots de Pierre Manent[2], la politique américaine est perfusée aux milliards de dollars.

Pourtant est-ce vraiment de technicité et de fonctionnalité que notre temps a le plus besoin aujourd'hui ? Sans aucun doute bien davantage de culture et de spirituel. Peter Sloterdijk[3] comme Francis Fukuyama[4] considèrent ainsi la quête de dignité et, en miroir, le ressentiment comme les premiers ressorts de l'histoire humaine, depuis l'*Iliade* jusqu'à l'islamisme, en passant par la révolte des ouvriers face à la globalisation. Un pouvoir coupé de toute ambition représentative sombrerait inéluctablement dans la violence.

Remerciements

Merci

À Sofia Bengana de m'avoir jetée dans le bain.

À tous ceux qui m'ont accordé du temps pour m'éclairer sur ces mutations du capitalisme, et particulièrement Gilles Bon-Maury, Jean-Laurent Bonnafé, François Ewald, Dominique Lamoureux, Augustin Landier, Frédéric Lefret, Emmanuel Monnet, Arielle Schwab, Jean-Dominique Senard et Marie de Taisne. Si les convictions exprimées dans cet essai ne les engagent bien sûr en rien, nos discussions m'ont largement nourrie.

Toute ma reconnaissance enfin à Jean-François Braunstein et Augustin de Romanet pour leur relecture attentive et… bienveillante !

Notes

Introduction
(pages 13 à 23)

1. « We Stand for Democracy : A Government of the people, by the people », tribune parue dans le *New York Times* du 14 avril 2021.

2. Pratique américaine consistant à nommer publiquement les personnes ou groupes réputés avoir mal agi.

3. David Gelles et Andrew Ross Sorkin, « Hundreds of Companies Unite to Oppose Voting Limits, but Others Abstain », *New York Times*, 14 avril 2021.

4. Guillaume Desnoës, Thibault de Saint Blancard et Clément Saint Olive, *La Société du lien*, La Tour-d'Aigues, Éditions de l'Aube, 2021.

5. Kevin Levillain, Blanche Segrestin et Armand Hatchuel, « Repenser les finalités de l'entreprise. La contribution des sciences de gestion dans un monde post-hégélien », *Revue française de gestion*, 2014/8, n° 245, p. 179-200.

6. Premier tweet : « RT si vous avez déjà bu 1L aujourd'hui ! » Deuxième tweet : « Bonsoir, ici la team Evian, désolée pour la maladresse de ce tweet qui n'appelle à aucune provocation ! »

7. Dans *Chaos Monkeys. Obscene Fortune and Random Failure in Silicon Valley* (New York, Harper, 2016), Antonio García Martínez décrivait les femmes de la région comme « molles, faibles et naïves ». Embauché en mars 2021 par Apple, il a été renvoyé en mai suite à une pétition signée par au moins 2 000 employés de l'entreprise.

8. Dominique et Alain Schnapper, *Puissante et fragile, l'entreprise en démocratie*, Paris, Odile Jacob, 2020.

9. *Les Lois*, 626c.

Chapitre 1
(pages 25 à 54)

1. Michel Drancourt, *Leçon d'histoire sur l'entreprise de l'Antiquité à nos jours*, 2e éd., Paris, PUF, 2002, cité par Félix Torres dans *Que peut l'entreprise ? Réaffirmer l'initiative privée dans le monde de l'après-Covid*, Paris, 2IES, 2021.

2. John Maurice Clark, « The Changing Basis of Economic Responsibility », *The Journal of Political Economy*, vol. 24, n° 3, 1916, p. 209-229.

3. En août 2019, 180 entreprises américaines parmi les plus grandes, réunies au sein de la Business Roundtable, se sont engagées pour un capitalisme des « parties prenantes ».

4. Livre vert de la Commission européenne, *Promouvoir un cadre européen pour la responsabilité sociale des entreprises*, juillet 2001.

5. Lucian Bebchuk et Roberto Tallarita, « Was the Business Roundtable Statement Mostly for Show ? – (2) Evidence from Corporate Governance Guidelines », The Harvard Law School Forum on Corporate Governance, août 2020.

6. « La Chine finance et construit des centrales à charbon en Europe », *Le Monde*, 6 mai 2019.

7. Voir Jean-François Braunstein, *La Philosophie devenue folle. Le genre, l'animal, la mort*, Paris, Grasset, 2018.

8. *Comment l'État se défausse sur les entreprises : neuf regards*, institut Messine, juin 2020.

9. Nancy Leong, *Identity Capitalists. The powerful insiders who exploit diversity to maintain inequality*, Stanford, Stanford University Press, 2021.

10. « Allyship for Race Consciousness », document de communication interne de l'entreprise Walt Disney remarqué par le journaliste Christopher Rufo.

11. Nancy Leong, « Racial Capitalism », *Harvard Law Review*, vol. 126, juin 2013.

12. Walter Benn Michaels, *The Trouble with Diversity : How We Learned to Love Identity and Ignore Inequality*, New York, Metropolitan Books, 2006 ; trad. fr., *La Diversité contre l'égalité*, Paris, Raisons d'agir, 2009.

13. Id., entretien au magazine *Marianne*, octobre 2009.

14. Francis Fukuyama, *Identity : The Demand for Dignity and the Politics of Resentment*, New York, Farrar, Straus and Giroux, 2018.

15. *Gauche : quelle majorité électorale pour 2012 ?*, Terra Nova, mai 2011.

16. Philip Roth, *La Tache* (2000), Paris, Gallimard, 2002.

17. Christopher Rufo, « Disney : The Wokest Place on Earth », *City Journal*, 7 mai 2021.

18. Id., « The Woke-Industrial Complex », *City Journal*, 26 mai 2021.

Chapitre 2
(pages 55 à 76)

1. Emmanuel Kant, *Fondements de la métaphysique des mœurs*, première section, 1785.

2. Ronald Inglehart, *La Transition culturelle dans les sociétés industrielles avancées*, Paris, Economica, 1993.

3. Zygmunt Bauman, « Identité et mondialisation », *Lignes*, 2001/3, n° 6, p. 10-27.

4. Axel Honneth, *La Lutte pour la reconnaissance*, Paris, Éditions du Cerf, 2000.

5. « La philosophie de la reconnaissance : une critique sociale. Entretien avec Axel Honneth », *Esprit*, juillet 2008.

6. « The influence of "woke" consumers on fashion », McKinsey & Company, 12 février 2019.

7. « Les Français et l'engagement », Fondation Jean-Jaurès, 22 juillet 2021.

8. Hakim El Karoui, « Les actifs se sont sacrifiés pour les retraités. Qu'auront-ils en retour ? », *Les Échos*, 9 avril 2021.

9. Flora Ghebali, *Ma génération va changer le monde*, La Tour-d'Aigues, Éditions de l'Aube, 2021.

10. « Quand les entreprises redéfinissent le bien et le mal », *Le Figaro*, 2 février 2021.

11. « Bonheur, sens du travail et raison d'être : le regard des salariés français sur l'entreprise », sondage Ifop pour Philonomist, janvier 2020.

12. André Comte-Sponville, *Le capitalisme est-il moral ?*, Paris, Albin Michel, 2004.

13. Peter Sloterdijk, *La Mobilisation infinie. Vers une critique de la cinétique politique*, Paris, Christian Bourgois éditeur, 2000.

14. Andrew Bailey, « I am going to make the Bank of England better – by improving racial diversity », *The Guardian*, 21 juillet 2021.

15. « The World of Work and the LGBT Issue », conférence tenue le 14 janvier 2016 au sein de la filiale luxembourgeoise de BNP Paribas.

16. Monique Canto-Sperber, *Sauver la liberté d'expression*, Paris, Albin Michel, 2021.

17. Id., entretien à France Culture, 23 avril 2021.

18. Michel Foucault, *L'Ordre du discours*, Paris, Gallimard, 1971.

19. Raymond Aron, « Idées politiques et vision historique de Tocqueville », *Revue française de sciences politiques*, 1960, 10-3, p. 509-526.

Chapitre 3
(pages 77 à 94)

1. Dominique Lamoureux, « La conformité, nouvel enjeu de gouvernance », La jaune et la rouge, septembre 2020, n° 757.

2. « Les grands groupes cibles des ONG », *Le Monde*, 7 mai 2019.

3. Noëlle Lenoir, « Devoir de vigilance : “Avec le projet du Parlement européen, la responsabilité des

entreprises n'aurait plus à être prouvée mais serait présumée" », tribune, *Le Monde*, 28 avril 2021.

4. Félix Torres, *Que peut l'entreprise ? Réaffirmer l'initiative privée dans le monde de l'après-Covid*, Paris, 2IES, 2021.

5. « Responsabilité sociale et environnementale : les mauvais élèves sanctionnés en Bourse », *Les Échos*, 3 février 2020.

6. Denis Payre, *Le Contrat mondial. Pour que l'humain et la nature soient enfin au cœur de la mondialisation*, Paris, First éditions, 2021.

7. Dmitry Plekhanov, « Is China Era of Cheap Labor Really Over ? », *The Diplomat*, 13 décembre 2017.

8. *Comment l'État se défausse sur les entreprises : neuf regards*, institut Messine, juin 2020.

Chapitre 4
(pages 95 à 113)

1. Michel Rocard, « Le déclin de l'Empire romain a commencé comme ça », entretien au *Temps*, 22 octobre 2008.

2. Interviewé dans l'émission « Entendez-vous l'éco » de France Culture, dédiée au colbertisme, 10 avril 2020.

3. Rapport de Nicole Notat et Jean-Dominique Senard, *L'Entreprise, « objet d'intérêt collectif »*, mars 2018.

4. Dominique et Alain Schnapper, *Puissante et fragile, l'entreprise en démocratie*, Paris, Odile Jacob, 2020.

5. Jean El Gammal (dir.), *Dictionnaire des parlementaires lorrains de la Troisième République*, Metz, Éditions Serpenoise, 2006.

6. G. Bruno, *Le Tour de la France par deux enfants*, Belin, 1877.

7. Jean-Pierre Frey, *La Ville industrielle et ses urbanités. La distinction ouvriers/employés. Le Creusot, 1870-1930*, Bruxelles-Liège, Pierre Mardaga, 1986.

8. Georges Ripert, *Aspects juridiques du capitalisme moderne*, 2e éd., Paris, LGDJ, 1951 ; rééd. 1992.

9. Karl Polanyi, *La Grande Transformation. Aux origines politiques et économiques de notre temps*, Paris, Gallimard, 1983 ; rééd. 2009.

10. François Bloch-Lainé, *L'Entreprise et l'Économie du XXe siècle*, Paris, PUF, 1966, 3 vol.

11. Milton Friedman, *La Liberté du choix*, Paris, Belfond, 1980.

12. Hans Jonas, *Le Principe responsabilité. Une éthique pour la civilisation technologique*, Paris, Flammarion, 2013.

Chapitre 5
(pages 115 à 138)

1. Rapport Notat-Senard, *L'Entreprise, « objet d'intérêt collectif »*, mars 2018.

2. Voir le recueil de l'institut Messine de juin 2020 sur le sujet.

3. Interview au *Figaro* le 10 septembre 2021.

4. Patrick Pouyanné, « Pourquoi Total reste en Birmanie », *Le Journal du dimanche*, 3 avril 2021.

5. Ana Swanson, « Nike and Coca-Cola Lobby Against Xinjiang Forced Labor Bill », *The New York Times*, 29 novembre 2020.

6. Conseil d'État, *Réflexions sur l'intérêt général*, Rapport public 1999.

7. Dominique et Alain Schnapper, *Puissante et fragile, l'entreprise en démocratie*, Paris, Odile Jacob, 2020.

8. Alain Supiot, *La Gouvernance par les nombres*, Paris, Fayard, 2015.

9. Blandine Mulliez, François Asselin, Geoffroy Roux de Bézieux et Philippe Royer, « L'économie du Bien commun, réponse aux défis de notre pays ! », *La Tribune*, 10 décembre 2019.

10. Ayaan Hirsi Ali, « Safeguarding Freedom of Speech Will Require an Active Approach », Areo, 18 mai 2021.

11. Ryan Gallagher, « Google Plans to Launch Censored Search Engine in China, Leaked Documents Reveal », The Intercept, 1er août 2018.

12. Nicolas Baverez, « L'entreprise-providence », *Le Monde*, 8 novembre 2010.

13. Entreprises listées par Raphaël Llorca dans « Le monde d'après : l'entreprise-providence ? », Fondation Jean-Jaurès.

14. Selon le dernier baromètre, de janvier 2020, du Centre technique des institutions de prévoyance (CTIP), plus de 80 % des salariés jugent qu'il est dans le rôle de l'organisme assureur de proposer des actions de prévention santé et de prévoyance, et de développer ces actions au sein de l'entreprise.

15. Drew Harwell, « Is your pregnancy app sharing your intimate data with your boss ? », *Washington Post*, 10 avril 2019.

Chapitre 6
(pages 139 à 159)

1. *De Republica*, livre I, chap. XXV.

2. Fédor Dostoïevski, *Les Carnets du sous-sol*, trad. André Markowicz, Arles, Actes Sud, 1992.

3. « Un apéro avec Yseult : "Je suis une femme incroyable, obèse, qui s'aime et se déteste" », *Le Monde*, 29 mai 2021.

4. « “I feel admonished for being myself” : Yseult, the chanson singer rilling the French establishment », *The Guardian*, 26 mars 2021.

5. Données de la Federal Election Commission, exploitées par Nancy Leong, dans son livre *Identity Capitalists. The powerful insiders who exploit diversity to maintain inequality*, Stanford, Stanford University Press, 2021.

6. Bryan Armen Graham, « Trump blasts NFL anthem protesters : “Get that son of a bitch off the field” », *The Guardian*, 23 septembre 2017.

7. Honoré de Balzac, *César Birotteau*, 1837, cité par Alexis Karklins-Marchay dans *Notre monde selon Balzac. Relire La Comédie humaine au* XXIe *siècle*, Paris, Ellipses, 2021.

8. André Fontaine, « Trafiquer avec les cannibales », *Le Monde*, 28 janvier 1969.

9. Chloé Morin, « Les anti-passe sanitaire ou la démocratie malade », *L'Express*, 18 août 2021.

10. Les chaînes de production ou de valeur sont dites éclatées quand la fabrication d'un produit nécessite des dizaines d'étapes de production – extraction de la matière première, façon, assemblage, finition… – qui sont toutes effectuées dans des lieux, voire des pays, différents.

11. Philippe Manière, *Marx à la corbeille. Quand les actionnaires font la révolution*, Paris, Stock, 1999.

12. Pierre-Yves Gomez, « Saga Danone (suite) : les simulacres de la “démocratie actionnariale” », 6 avril 2021 ; version originale de « Pas de démocratie actionnariale chez Danone », *Le Monde*, 31 mars 2021.

13. Zygmunt Bauman, *La Vie liquide*, Rodez, Le Rouergue-Chambon, 2006.

14. Id., « Identité et mondialisation », *loc. cit.*

15. Cette théorie de l'économiste britannique David Ricardo, qui date du début du XIXe siècle, affirme que chaque pays a intérêt à se spécialiser dans la production pour laquelle il dispose de l'écart de productivité (ou du coût) qui lui est le plus favorable.

16. François Ewald, « L'entreprise comme institution politique », Comité Médicis, 2018.

17. Lettre à Quesnay au sujet de son tableau économique. Cité par Alain Peyrefitte, *La Société de confiance*, Paris, Odile Jacob, 1995.

18. Voir le rapport d'Yves Perrier et Jean-Dominique Senard, *Le Capitalisme responsable, une chance pour l'Europe*, publié par l'institut Montaigne.

Chapitre 7
(pages 161 à 183)

1. Dominique Lamoureux, « La conformité, nouvel enjeu de gouvernance », *loc. cit.*

2. Saint-Simon, *L'Organisateur*, 1820.

3. François Ewald, « Responsabilité, entreprise, civilisation », conférence prononcée dans le cadre du colloque de Cerisy « Entreprise, responsabilité et civilisation : un nouveau cycle est-il possible ? », du 27 mai au 3 juin 2019, sous la direction de Kevin Levillain, Blanche Segrestin et Stéphane Vernac.

4. *Comment l'État se défausse sur les entreprises : neuf regards*, institut Messine, juin 2020.

5. Félix Torres, *Que peut l'entreprise ? Réaffirmer l'initiative privée dans le monde de l'après-Covid*, Paris, 2IES, 2021.

6. James Bailey et Hillary Philipps, « How Do Consumers Feel when Companies Get Political ? », *Harvard Business Review*, 17 février 2020.

7. James Varney, « Conservative investiment funds take aim at “woke” corporations », *The Washington Times*, 29 août 2021.

8. Pierre Rosanvallon, *Le Siècle du populisme. Histoire, théorie, critique*, Paris, Seuil, 2020, cité par Charles-Henri Besseyre des Horts et Lionel Prud’homme dans « L’entreprise porteuse de sens : une réinvention du travail au quotidien », in *Le Sens, ADN de l’entreprise responsable. Réflexions, témoignages et pratiques de dirigeants engagés*, ouvrage collectif du cercle Societhics, Paris, Diateino Eds, 2021.

9. Intervention lors de la table ronde dédiée aux entreprises et au wokisme, le 26 août 2021, lors de la Rencontre des entrepreneurs de France (REF) organisée dans le cadre de l’université d’été du Medef.

10. « Fractures sociétales : enquête auprès des 18-30 ans », sondage Ifop pour *Marianne*, novembre 2020.

11. Pierre-Yves Gomez, « Réflexions sur l’avenir du travail », intervention lors des rencontres du travail organisées à Toulouse, le 2 décembre 2017.

12. Interview à France Culture, le 13 mai 2020.

Conclusion
(pages 185 à 187)

1. Hannah Arendt, *La Crise de la culture*, Gallimard, 1961.

2. Pierre Manent, *La Raison des nations. Réflexions sur la démocratie en Europe*, Paris, Gallimard, 2006.

3. Peter Sloterdijk, *Colère et temps. Essai politico-psychologique*, Paris, Libella-Maren Sell, 2007.

4. Francis Fukuyama, *Identity : The Demand for Dignity and the Politics of Resentment*, New York, Farrar, Straus and Giroux, 2018.

Composition et mise en pages
Nord Compo à Villeneuve-d'Ascq

MIXTE
Papier issu de
sources responsables
FSC® C003309

L'éditeur de cet ouvrage s'engage dans une démarche
de certification FSC® qui contribue à la préservation
des forêts pour les générations futures.

Pour en savoir plus :
www.editis.com/engagement-rse/

Achevé d'imprimer par
Normandie Roto Impression s.a.s.
61250 Lonrai (Orne)
N° d'imprimeur : 2200601

Imprimé en France